FRAGMENS

SUR

LES INSTITUTIONS

RÉPUBLICAINES.

FRAGMENS

SUR

LES INSTITUTIONS

RÉPUBLICAINES,

OUVRAGE POSTHUME

DE SAINT-JUST,

PRÉCÉDÉ D'UNE NOTICE,

PAR CH. NODIER.

✽

Les politiques grecs, qui vivaient dans le gouvernement populaire,
ne reconnaissaient d'autre force qui pût le soutenir que
celle de la vertu. Ceux d'aujourd'hui ne nous parlent
que de finances, de richesses et de luxe.

MONTESQUIEU,
Esprit des Lois, L. III, ch. 3.

✽

———

PARIS

TECHENER, LIBRAIRE,

PLACE DU LOUVRE, N. 12;

GUILLAUMIN, RUE NEUVE-DES-PETITS-CHAMPS, N. 61.

1831

PRÉLIMINAIRES.

Je prie le lecteur de m'autoriser à mettre sous ses yeux, en commençant, quelques lignes que j'écrivais, il y a trois ou quatre ans, dans les *Mélanges tirés d'une petite Bibliothèque*, et qui contiennent ce que je sais de la première édition des *Fragmens*, et ce que je pensais d'un ouvrage sur lequel les événemens ne m'ont pas fait changer d'opinion. Elles expliqueront les motifs du libraire amateur qui a jugé à propos de le réimprimer :

« L'histoire de ce livre est peu connue; c'est ce qui m'a
» déterminé à l'écrire. Le manuscrit de Saint-Just était
» tombé dans les mains de M. Briot, imprimeur, qui fut
» depuis député du Doubs, qui était alors mon professeur,
» et qui, jusqu'à sa mort, a été mon ami. M. Briot l'im-
» prima à trois cents exemplaires, nombre qui paraîtrait
» suffisant pour que cette brochure ne fût pas comptée au
» nombre des livres rares; mais il y avait alors dans la po-
» litique une telle mobilité, que la publication la plus in-
» nocente devenait un crime entre la veille et le lende-
» main. C'est ce qui arriva; les *Fragmens* de Saint-Just,
» évangile d'un des chefs du parti révolutionnaire, furent
» considérés comme un appel aux souvenirs des Jacobins.
» M. Briot, qu'une parfaite modération de caractère, une
» parfaite rectitude de jugement, et une probité sans re-
» proche, n'avaient pas tenu à l'abri de quelques-unes des

» vives émotions de l'époque, se vit menacé dans son re-
» pos. L'édition presque entière, c'est-à-dire sauf le petit
» nombre d'exemplaires qui s'étaient distribués entre les
» amis de Saint-Just, au moment de l'apparition du vo-
» lume, fut retenue à Besançon, et livrée à M. Noël, ha-
» bile relieur de cette ville, qui finit par la mettre à la
» rame. J'ai été témoin et presque complice de sa mutila-
» tion, sans m'en réserver un exemplaire, car j'étais en-
» core loin de l'âge des manies et même de celui des pas-
» sions....... Les *Fragmens d'institutions républicaines* de
» Saint-Just sont donc une véritable et insigne rareté,
» mais cette rareté sera leur moindre mérite aux yeux de
» la postérité, s'ils parviennent jusqu'à elle. Elle y trou-
» vera le témoignage d'une des monomanies les plus
» étranges et cependant les plus contagieuses qui aient ja-
» mais tourmenté l'imagination de l'homme, c'est-à-dire
» l'expression du besoin d'une perfectibilité sociale indé-
» finie, à laquelle on ne pourrait arriver qu'en brisant
» tous les élémens qui existent, et qu'en recomposant un
» monde nouveau pour essayer une théorie. Dieu sait tou-
» tefois si ces extravagances ne méritent pas plus de pitié
» que de colère. Entre ces sophistes funestes et tant de so-
» phistes qu'on admire, il n'y a eu qu'une différence : LE
» POUVOIR. »

Les *Fragmens* de Saint-Just méritaient donc, comme curiosité bibliographique, les honneurs de la réimpression, puisqu'ils manquent à presque toutes les collections où se conservent les monumens de la plus intéressante et de la plus mémorable de nos époques historiques. C'est ainsi que je devais les considérer dans un livre exclusivement consacré à la bibliographie. Exposés au jour d'une nouvelle publicité, ils demandent à être vus sous deux nouveaux aspects, celui du talent littéraire, qui fait vivre les plus petits écrits, et celui de la théorie et des principes, qui peuvent seuls les recommander, comme œuvre de conscience et d'utilité, à la reconnaissance de l'avenir.

Cette tâche ne m'épouvante pas, car je suis en fonds pour la remplir. Elle n'exige que de la bonne foi.

Saint-Just est mort à vingt-six ans sur l'échafaud. Quand il a écrit ces *Fragmens*, il n'en avait que vingt-cinq.

Je rapporte ce fait comme un fait, et sans dessein d'en tirer aucune induction absolue.

L'âge ne fait pas autant que l'on croit au développement de la pensée. Il y a des hommes d'exception dans lesquels l'adolescence a trouvé une ame complète.

Si j'avais à m'en rapporter du sort du genre humain, à un jugement qui n'est tenu que pour humain par le plus grand nombre des habitans de la terre, je le soumettrais volontiers à Caton, pupille de Sylla, ou à Jésus, échappé un moment de l'atelier de son père, pour discuter chez les docteurs un texte difficile de la loi.

Il n'en est pas ainsi chez Saint-Just, dont la destination équivoque paraît n'avoir été marquée positivement que par la révolution. Une éducation spirituelle, mais fort négligée sous le rapport de la morale, n'aurait fait de lui qu'un pâle imitateur de Voltaire. C'est tout ce qu'il est possible de trouver dans son poème d'*Organt*. Porté, par les avantages de son organisation, au besoin de briller et de plaire, ce rude athlète du stoïcisme antique qui vint briser ses projets austères contre les poteaux de la guillotine, se serait efféminé dans le commerce d'un monde voluptueux. La mort l'aurait surpris dans un boudoir.

La voix d'une génération avec laquelle il sympathisait sans le savoir, le tira de son erreur pour le faire tomber dans une autre. A défaut de lumières tirées de la connaissance approfondie des hommes qu'il avait à peine vus, il rétrograda, dans la naïveté de son cœur d'enfant, vers ses études classiques; et il se composa un talent d'écrivain, et une science d'homme d'État, de ce qu'on apprend dans l'histoire; des paroles sonores, des idées fausses, des applications impossibles, de nobles préjugés et des mensonges imposans.

Tout cela était de mise, dans un temps où l'expérience n'avait encore rien enseigné; mais, en dernière analyse, le député de Noyon ne fut qu'un député de Sparte. Cela vaut mieux, à contempler l'ensemble des histoires humaines; mais à travers les misères de notre condition sociale, toute vérité est relative, et rien n'est bon qu'à sa place.

Ces considérations générales ne m'ont pas éloigné du style de Saint-Just. Il est sorti de là, formé sous l'inspiration des *Dicts des Lacédémoniens* de Plutarque, bref, abrupt, obscur pour être précis, étranglé par cette économie de la parole dont il faisait tant de cas, parce qu'il croyait qu'on improvise une langue et une institution, comme on improvisait alors une loi. C'est la méprise d'un écolier, dans lequel il y avait l'étoffe du génie. Le style de Saint-Just n'est donc qu'une traduction intempestive de l'antiquité, chez un peuple qui n'était que trop moderne, et qui joignait à l'impatience d'un autre état les vices incurables du sien; mais il transmettra, sans doute, à la dernière postérité, un exemple mémorable des aberrations absurdes de notre instruction collégiale.

Ce style est conséquemment vicieux *in specie*, parce qu'il manque de propriété dans son application aux idées vagues et diffuses d'une civilisation usée, et surtout dans son application aux formes d'une langue compliquée, circonspecte, méticuleuse, que le défaut de la faculté transpositive des langues anciennes a forcé de chercher le nombre, l'harmonie, l'élégance dans le développement prolixe et rédondant de la phrase, que la délicatesse d'une sotte pudeur égare à tout moment dans le dédale des circonlocutions inutiles, et à laquelle l'embarrassante multiplicité des articles de la déclinaison et des pronoms verbaux interdit essentiellement les beautés sévères du laconisme. Saint-Just s'est trompé sur sa parole, comme il s'est trompé sur sa pensée. Il s'est transporté par l'imagination dans une autre époque, et il n'a pas été de son époque par l'expression. Tous ses excès comme législateur, tous ses défauts comme écrivain, surgissent de cette double distraction qui a sa source dans l'irréflexion d'un jeune homme et dans la vanité d'un novateur. Un homme de génie peut beaucoup sur son siècle, mais il y a une chose qu'il ne peut jamais sous peine d'absurdité et de délire : c'est de se mettre à la place du temps. Or, ce n'est pas le génie qui fait les institutions; ce n'est pas le génie qui fait le langage, c'est le temps.

Ces idées n'ont pas besoin d'être étendues pour devenir claires, même en français. Elles caractérisent aussi nettement Saint-Just en quelques lignes que pourra le faire l'histoire elle-même. Ressuscitez de sa tombe, je ne dis pas Rienzi, je ne dis pas même un Gracque; ce ne serait pas encore cela; mais Agis ou Cléomène; et conduisez-le *de primsault,* comme dit Montaigne, à la tribune de la Convention nationale, sans avoir pris la précaution de lui faire secouer la poussière de Lacédémone, et de lui montrer le genre humain, vous aurez Saint-Just tout entier, c'est-à-dire un enfant extraordinairement précoce qui ne sait ce qu'il dit; un grand homme en espérance, qui n'a pas le sens commun.

A part cette combinaison, qui lui est propre, et qui exigeait d'ailleurs de grandes ressources de talent pour ne pas paraître tout-à-fait barbare, le style de Saint-Just a des qualités fort remarquables. Dans sa concision affectée, il est clair; dans sa simplicité républicaine, il est énergique; deux genres de mérite auxquels se joignait au plus haut degré le mérite de la nouveauté, si peu de temps après la période large, membrue et pompeuse de Mirabeau, et si près de la période élégante, imagée, pittoresque de Vergniaud, avec sa toilette historique et mythologique, ses artifices de barreau, ses effets de forum, et sa poésie rêveuse, toute nourrie d'émotions et de sentimens.

Quand la pensée force quelquefois Saint-Just à s'étendre, comme un autre lit de Procuste, il devient périodique aussi; mais alors même son langage prend un mouvement particulier. Il le coupe encore par des incises inusitées qui n'ont pas le mordant spirituel des petites phrases acérées de Montesquieu, mais qui en relèvent la profondeur par je ne sais quelle naïveté prosaïque, insociable avec les ornemens du discours. Je n'ai pas eu le temps de vérifier si certains de ces traits, jetés au hasard dans un manuscrit confus, et qui n'auraient été destinés qu'à servir en citation, comme tant de lambeaux de Montaigne et de Charron, épars dans les *Pensées de Pascal*, ne se retrouvaient pas effectivement dans l'*Esprit des lois*. S'ils n'y sont point, ils devraient y être.

Voilà ce que j'avais à dire de Saint-Just, sous le rapport du style.

Sous le rapport de la théorie, la question est plus grave. Elle touche à des idées flagrantes, qu'une opinion irréfléchie soulève à tout moment depuis quelques mois, et dont l'effervescence inquiète peut paraître encore, malgré l'inanité de l'aliment qui la nourrit, menaçante pour l'ordre public.

Si les *Fragmens d'institutions* de Saint-Just étaient de nature à entretenir, en devenant plus vulgaires, cette vague impatience d'un ordre de choses indéfini dont on n'a encore trouvé que le nom, je n'aurais pas concouru à leur publication.

Mais il n'en est pas ainsi, et c'est ce qu'il est facile de démontrer.

La république a été pour la génération dont je sors un mot talismanique d'une incroyable puissance, et d'autant plus puissant, selon l'usage, qu'il était plus inintelligible, car on n'a jamais ému les passions des peuples avec des principes lucides, ingénument déduits de la nature des choses. Ce qui les excite, ce qui les déchaîne, ce qui les fait déborder en tempêtes sur la face du monde, ce sont les énigmes et les mystères. Le dernier besoin du sage, éprouvé par l'âge et par l'expérience, c'est la vérité; le besoin instinctif de l'homme en général, c'est l'inconnu.

Voilà pourquoi le nom d'un gouvernement qui peut être tout ce qu'on voudra, excepté ce qui est, entraîne violemment la multitude hors des voies d'un bonheur sensible et facile, sur la trace de je ne sais quelle vaine espérance dont l'expectative la plus favorable ne pourrait se réaliser sans miracle en moins de trois ou quatre siècles. Nous ne prenons plus la peine d'édifier des monumens pour la génération prochaine, et nous nous croyons assez forts pour improviser des systèmes de société à notre usage. Une chose qui ne vaut presque pas la peine d'être dite, c'est que les formes du gouvernement ne sont rien, si elles ne sont l'expression d'une longue suite d'institutions qui ont pris depuis long-temps racine dans le cœur du pays ; nous y procédons autrement ; nous commençons par choisir le nom d'un gouvernement tel quel, dans la longue série des vicissitudes de la politique ; et puis nous faisons après des institutions qui s'y ajustent comme il plaît à la Providence ; et nous agissons de la sorte, parce que nous ne savons pas qu'on ne fait point d'institutions, car ce sont les institutions qui se font elles-mêmes du sentiment de nos besoins et de l'habitude de nos mœurs ; parce que nous ne savons pas qu'on ne nomme point de gouvernement, car ce sont les gouvernemens qui se nomment eux-mêmes, quand les institutions les ont produits d'une double force générative qui n'appartient qu'au temps et à la nécessité.

Grâce aux libertés progressives que la nation avait acquises sous la dernière monarchie ; grâce à nos communications plus multipliées avec un peuple voisin, que d'heureuses circonstances de localité, et peut-être de caractère, ont fait notre prédécesseur à la conquête de la liberté ; grâce à ce torrent de la révolution qui a roulé sur nos têtes, en quarante ans, des siècles d'expérience, la royauté constitutionnelle peut se fonder chez nous un trône populaire, entouré, comme on l'a dit, de plus d'institutions républicaines qu'aucune république n'en eut jamais. Tout homme qui tentera de nouveaux essais sur la garantie des institutions à venir, ne sera peut-être pas essentiellement méchant, mais il sera essentiellement absurde et fou.

Je ne crois donc pas à la possibilité d'une république en France, à moins qu'on ne fasse une table rase des populations et des villes; mais je dois convenir que j'y croyais quand j'étais en rhétorique.

Des fictions de cette république imaginaire, si j'avais eu à choisir entre toutes ces utopies d'enfans, sans en excepter les miennes, c'est celle de Saint-Just que j'aurais préférée; et c'est précisément pour cela que la presse ne m'a point effrayé, en la jetant pour la seconde fois sous les regards des hommes. Je ne connais rien en effet qui manifeste plus visiblement l'impossibilité d'une république chez un vieux peuple, usé sous le poids d'une vieille civilisation, qui exploite péniblement depuis mille ans une terre vieille et immense, qui est pressé de toutes parts entre des peuples plus jeunes ou plus naïfs que lui, et qui traîne le poids de sa lourde caducité sous l'influence des riches et des avocats, à travers des troupeaux de courtisans, de courtisanes et de baladins.

Ce serait, ma foi, une belle république à offrir au temps actuel que celle qui aurait pour objet le travail; pour luxe, la pauvreté; pour tutrice, une autorité qui se saisirait des enfans mâles au sortir du berceau; pour lien matrimonial, l'amour et la fécondité; pour nœud social, l'amitié; pour suprêmes magistrats, les vieillards. Que deviendrait le cens? que deviendrait cette forte et agissante jeunesse qui n'aurait pas même la parole dans les assemblées publiques? que deviendraient les poëtes, restreints à l'Ode et à l'Épopée? que deviendraient les orateurs, enfermés dans ce compas laconique dont la pointe presque pythagoricienne émonde du discours tout ce qui excède trois phrases, et de la phrase tout ce qui excède dix mots? que deviendraient la justice imberbe et le réquisitoire adolescent? que deviendraient l'industrie, et le luxe, et les arts?... et, comme il faut arriver au dernier terme de cette progression effrayante, que deviendrait l'Opéra?...—

Qu'on s'imagine après cela, si on le peut, et si elle pouvait exister, quel effet produirait cette pastorale politique de trente millions de bergers de l'âge d'or un peu dépaysés, circonscrite au nord par la civilisation mobile, active et productive de la Flandre et de la Hollande; à l'est, par l'énergie native et robuste de la Suisse, et par la désinvolture spirituelle des Italiens, avec leurs frénésies de musique et de peinture; au midi, par ces mœurs vivaces des Espagnols qui sont comme incarnées dans la population, avec leur inquisition et leurs combats de taureaux, leurs cloches et leurs mandolines, leurs cantatilles et leurs boléros?...— Mon Dieu! que cela serait beau, et que cela est bien entendu pour le bonheur du genre humain!

Et cependant, je le déclare, cette république est la seule qui puisse éveiller les sympathies d'une ame sensible et d'un esprit poétique. Ce qu'il y a de déplorable pour quelques centaines d'enthousiastes qui voudraient y mourir, c'est qu'elle est impossible.

Il y a plus. C'est que je crois la génération actuelle moins digne qu'aucune autre, sans exception, de pratiquer les institutions fantastiques de ce Lycurgue de Blérancourt, qui échangea si mal à propos pour son bonheur la direction de la charrue, à laquelle pendait la croix de Saint-Louis de son père, contre le timon de l'État. Et en voici la raison :

Ce malheureux Saint-Just, que les biographies ont calomnié, parce qu'il n'y a rien à faire de mieux quand on parle d'un grand citoyen mort à vingt-six ans sur l'échafaud, et qu'il n'y a réellement qu'un factieux incorrigible qui puisse mourir à vingt-six ans pour la liberté et pour l'amitié; ce malheureux Saint-Just, dis-je, n'était pas un homme sans entrailles. Au fond de sa vie artificielle, il lui était resté un cœur de jeune homme, des tendresses, et même des convictions devant lesquelles notre civilisation perfectionnée reculerait de mépris. Il s'occupait des enfans;

il aimait les femmes ; il respectait les cheveux blancs ; il honorait la piété ; il croyait, ce qui est bien plus fort, au respect des ancêtres et au culte des sentimens. Je l'ai vu pleurer d'indignation et de rage, au milieu de la Société populaire de Strasbourg, lui qui ne pleurait pas souvent, et qui ne pleurait jamais en vain, d'un outrage à la liberté de la foi et à la divinité du Saint-Sacrement. C'était un philosophe extrêmement arriéré au prix de notre siècle.

Si cela ne vous rebute pas, lisez-le, car vous êtes encore digne de le lire, et même de le plaindre. Donnez-lui, selon l'effet qu'il produit sur vous, un sourire amer ou une larme ; et puis, cachez-le dans votre bibliothèque, fort au-dessous des Rêveries du bon Platon, derrière le roman politique de Thomas Morus, et tout près des *Voyages de Sindbad le marin*. L'impression en vaut la peine.

CH. NODIER.

P. S. du Libraire. Le nom de l'Éditeur garantit qu'on n'a rien changé au texte, si ce n'est dans un très-petit nombre de passages évidemment mal lus par un prote de province. On a poussé le scrupule jusqu'à conserver des pièces liminaires qui contiennent quelques documens pour l'histoire.

AVANT-PROPOS

DES

PREMIERS ÉDITEURS.

Puisqu'on rappelle aujourd'hui le peu d'hommes qui ont survécu aux proscriptions nombreuses des partis, ceux qui sont morts peuvent aussi se représenter parmi nous. Ils ont un droit d'appel à leur siècle et à la postérité.

Sous des gouvernemens faibles, qui voient partout des allusions et des attaques, la pensée toujours esclave ne peut se produire au grand jour. Mais c'est un hommage réel rendu à un gouvernement fort, qui veut poser les bornes de la révolution, que de lui offrir les idées, conçues, pour arriver au même but, par un homme qu'une mort tragique vint frapper au commencement de sa carrière, et dont jusqu'ici l'arbre empoisonné de la calomnie a seul ombragé la tombe.

Si cependant on pouvait reprocher à Saint-Just d'avoir quelquefois marqué sa conduite par ce mélange de grandeur et d'inflexibilité farouche, caractère distinctif d'une année qui fera époque dans les siècles ; on ne doit pas non plus oublier que, presque toujours, pendant ce même temps, il marchait avec nos soldats à la victoire, et que les champs de Fleurus parlent assez hautement en sa faveur, pour étouffer le cri des vengeances.

Ami de l'humanité, et jaloux de voir s'établir en France les vrais principes de la liberté civile et politique, il laissa échapper des larmes d'indignation, en lisant, lorsqu'il était aux armées, l'affreuse loi du 22 prairial. — Plusieurs de ses ennemis personnels furent arrachés par lui au tribunal révolutionnaire. — Il parut toujours démêler, dans les sanglans excès, où une aveugle fureur précipitait la révolution, les instigations secrètes et profondément atroces de l'étranger, et les présages funestes d'une réaction et d'une contre-révolution mille fois plus sanglantes.

Mais, d'un autre côté, sombre et austère, accoutumé dès son enfance à méditer sur les forfaits des tyrans et sur les malheurs des nations, il ne voyait plus dans les richesses et dans les jouissances exclusives, qu'un instrument de mort dirigé par quelques hommes contre la plupart de leurs semblables, et il pensait qu'on devait faire disparaître la monstrueuse inégalité des fortunes, reconnue par les plus célèbres publicistes, comme le principe fécond des divisions et des malheurs des peuples civilisés, et que le résultat de la révolution devait être de rendre, autant que possible, les citoyens égaux en médiocrité de richesses, comme en modération de besoins et en vertus.

Son double but était donc de détruire pour jamais, et cette tyrannie momentanée que le peuple exerçait sur les riches, et ce despotisme de tous les temps qui enchaîne l'indigent au char de l'opulence. Il voulait, pour y parvenir, qu'on établît des *Institutions* durables, qui attacheraient sans violence le citoyen à la patrie.

« Je ne suis d'aucune faction, disait-il dans le discours qu'il commença le 9 thermidor; je les combattrai toutes. Elles ne s'éteindront jamais que par les *Institutions* qui produiront les garanties, qui poseront la borne de l'autorité, et feront ployer sans retour l'orgueil humain sous le joug de la liberté publique.

» L'orgueil, ajoute-t-il, enfante les factions. C'est par les factions que les gouvernemens voisins d'un peuple libre attaquent sa prospérité. Les factions sont le poison le plus terrible de l'ordre social; elles mettent la vie des bons citoyens en péril par la puissance de la calomnie. Lorsqu'elles règnent dans un Etat, personne n'est certain de son avenir, et l'empire qu'elles tourmentent est un cercueil. Elles mettent en problème le mensonge et la vérité, le vice et la vertu, le juste et l'injuste; c'est la force qui fait la loi. Si la vertu ne se montrait parfois, le tonnerre à la main, pour rappeler tous les vices à l'ordre, la raison de la force serait toujours la meilleure. Ce n'est qu'après un siècle que la postérité plaintive verse des pleurs sur la tombe des Gracques et sur la roue de Sidney. Les factions, en divisant un peuple, mettent la fureur de parti à la place de la liberté. Le glaive des lois et les poignards des assassins s'entrechoquent ; on n'ose plus parler ni se taire ; les audacieux, qui se placent à la tête des partis, forcent les citoyens à se prononcer entre le crime et le crime....

» Je demande quelques jours encore à la Providence, pour appeler sur les *Institutions* les méditations du peuple français et de tous ses législateurs. Tout ce qui arrive aujourd'hui dans le gouvernement n'aurait point eu lieu sous leur empire. Ils seraient vertueux peut-être et n'auraient point pensé au mal, ceux dont j'accuse ici les prétentions orgueilleuses.... »

Il finissait par proposer « que des *Institutions* fussent incessamment rédigées de manière que sans rien perdre de son ressort, le gouvernement ne pût ni favoriser l'ambition ni tendre vers l'arbitraire. »

Mais à peine avait-il prononcé les premières phrases de ce discours où il laissait entrevoir un pressentiment secret de sa mort prochaine, qu'il fut précipité de la tribune sur l'échafaud.

Saint-Just avait déposé dans des mains sûres, les notes et les idées élémentaires du projet qu'il comptait soumettre lui-même à la Convention nationale. Il prévoyait que bientôt, accablé par les factions, qui, pour s'absoudre elles-mêmes, ne manquent jamais de calomnier ceux qu'elles ont immolés, il aurait besoin au tribunal de la postérité, de cet irréfutable témoin de ses principes et de sa vertu.

Quelques républicains qui ont mis en ordre avec un respect religieux et sans se permettre d'y rien ajouter, les fragmens destinés à faire partie de cet ouvrage que l'auteur ne put qu'ébaucher, croient devoir les publier aujourd'hui.

Si on sait se placer dans un lointain philosophique, hors de tous les souvenirs de partis et de toutes les vues personnelles, on accueillera sans doute cet écrit, et comme un monument historique fait pour peindre le cours des idées pendant une période de notre siècle, qui paraît totalement étrangère au reste, et comme un de ces recueils de vérités où le sage trouve des matériaux pour réfléchir, le gouvernement des conseils utiles, et le faible des armes pour combattre l'oppresseur.

Il y a des choses originales qui étonneront quelques lecteurs, et en effaroucheront quelques autres. Mais qu'ils se reportent au temps; qu'ils relisent Platon, Jean-Jacques, Voltaire lui-même, Helvétius et Mably, qui ont avancé des principes tout aussi éloignés de l'opinion vulgaire. Où en serions-nous, si dans une république nous rejetions des idées républicaines, que même sous la monarchie notre admiration avait consacrées?

Il y a des endroits où règne une certaine obscurité, parce qu'ils expriment de ces pensées simplement aperçues, que l'auteur a jetées sur le papier sans avoir eu le temps de les compléter. Mais ceux qui voudront les approfondir y trouveront peut-être des vérités neuves encore à l'oreille du genre humain.

On pourra se plaindre enfin que le style de ces Fragmens est souvent inégal, et qu'il y manque plusieurs choses importantes pour former un système qui embrasse toutes les parties de l'organisation sociale. Mais on ne doit pas oublier que l'auteur écrivait au bruit de la foudre, et qu'il en a été prématurément frappé.

NOTE

RELATIVE

A SAINT-JUST,

EXTRAITE

DES PAPIERS DU CITOYEN *** (1).

...... 9 thermidor an III.

J'étais dans un cachot obscur avec le malheureux T......, l'ami, le compagnon de Saint-Just, et qui, depuis la mort de celui auquel il avait uni ses destinées, traînait sa vie captive dans la douleur et dans les larmes.

T...... est mandé devant deux membres des comités. On veut l'interroger; on veut lui arracher des aveux atroces et de lâches mensonges qui puissent flétrir la mémoire de son ami. Mais lui, s'adressant avec courage à ceux qui venaient de proscrire leurs collègues et de sacrifier leur patrie : « Vous avez beau, leur dit-il, vouloir me flatter ou me menacer, la crainte ni l'espérance ne changeront point mon cœur, et je ne trahirai point l'amitié ni la vérité; mais je vivrai pour les venger. »

On le retient au comité sous prétexte de l'interroger encore.

---

(1) Les éditeurs ne prétendent pas adopter toutes les opinions de l'auteur de cette note sur les personnes et sur les choses; mais ils ont cru intéressant de la publier, pour donner une idée du caractère de Saint-Just, et ils ont respecté les expressions même peu ménagées qui s'y trouvent, qu'on ne doit imputer qu'à l'état d'oppression et de malheur d'un homme qui pleure dans les fers sur le tombeau de son ami.

. . . .
De retour dans son cachot, il meurt en proie aux plus horribles tourmens.

J'avais été le témoin de sa douloureuse agonie, et j'attendis quelque temps en silence pour savoir quel serait mon sort. Mais enfin, las de la vie et spectateur forcé de tous les crimes qui pesaient sur mon pays, je résolus d'obtenir un terme à mes souffrances. J'écrivis au gouvernement, qu'une loi ordonnait de mettre en liberté ou en jugement les détenus; qu'une autre les autorisait à réclamer les motifs de leur arrestation; et je demandai qu'on me fît jouir du bienfait de ces lois. — Peu de jours après, je reçus un écrit où il n'y avait que ces mots : *Ami du conspirateur Saint-Just.*

Tel est donc mon crime! m'écriai-je. Eh bien! tyrans, vous croyez me réduire à descendre à une justification, et vous espérez que je serai capable de désavouer un homme que j'aimais. Mais il est des lignes qui seront immortelles; je les confie à des mains sûres. Elles vengeront mon ami, elles me vengeront moi-même, elles vous accuseront dans l'avenir; et vous serez flétris, et je serai estimé.

Trop obscur pour m'enorgueillir de moi, je paraîtrai avec gloire à côté de celui dont j'aurai défendu l'innocence, et que j'aurai avoué pour mon ami quand tout l'abandonnait sur la terre. Ces lignes, je vous les adresse à vous-mêmes, tyrans. Je veux que vous les connaissiez et qu'elles fassent votre supplice; car vous frémirez de rage en les lisant, et le courage et la vertu d'un homme libre feront pâlir les oppresseurs de mon pays.

La révolution, qui marche avec des pieds de feu, vous atteindra dans sa course dévorante, et vous serez frappés comme ceux dont vous insultez aujourd'hui les cadavres. Mais ils seront absous au tribunal des siècles; ils triompheront dans la postérité, tandis que vous serez ignominieusement traînés à la voirie.

Oui, je rougis d'être membre d'une cité qui souffre un gouvernement tel que le vôtre, en divorce avec la justice, la vertu et la nature. Mais je me glorifie d'être dans vos bastilles et de grossir le nombre de vos victimes.

Qui êtes-vous, vous qui déclarez la guerre à l'amitié, qui

érigez en crime les affections les plus légitimes et les passions les plus généreuses? Ah! tous les hommes de bien qui n'ont pas de poignards à opposer à vos forfaits, doivent périr plutôt que d'avoir les yeux souillés par votre insolent triomphe, et vous dire comme Thraséas à Néron : *Puisque la mort est une dette, il vaut mieux payer en homme libre que de chicaner inutilement en esclave.*

Je fus l'*ami du conspirateur Saint-Just.* Voilà donc mon acte d'accusation, mon brevet de mort, et le titre glorieux qui m'a mérité une place sur vos échafauds. Oui, je fus l'ami de Saint-Just. Mais Saint-Just ne fut point un conspirateur; et, s'il l'avait été, il serait puissant encore et vous n'existeriez plus. Ah! son crime, s'il en a commis, c'est de n'avoir pas formé une conjuration sainte contre ceux qui conjuraient la ruine de la liberté.

O mon ami! à l'instant où le malheur t'accablait, je n'ai consenti à conserver la vie que pour plaider un jour les intérêts de ta gloire, et pour détruire les calomnies qui sont comme les morsures des vautours acharnés sur ton cadavre. Je me suis rappelé Blossius de Cumes, qui avoue hautement devant le sénat romain son amitié pour Tibérius Gracchus, que le sénat romain vient d'assassiner. Et moi aussi, je suis digne d'offrir au monde un pareil exemple.

Cher Saint-Just, si je dois échapper aux proscriptions qui ensanglantent ma patrie, je pourrai dérouler un jour ta vie entière aux yeux de la France et de la postérité, qui fixeront des regards attendris sur la tombe d'un jeune républicain immolé par les factions. Je forcerai à l'admiration ceux mêmes qui t'auront méconnu, et au silence et à l'opprobre tes calomniateurs et tes assassins.

Je dirai quel fut ton courage à lutter contre les abus, avant l'époque même où on put croire qu'il était permis d'être impunément vertueux. Je te suivrai au sortir de l'enfance, dans ces méditations profondes qui t'occupaient tout entier sur la science du gouvernement, les droits des peuples, et dans ces élans sublimes de l'horreur de la tyrannie qui dévorait ton ame et l'embrasait d'un enthousiasme plus qu'humain. Je dirai quel était ton zèle à défendre les opprimés et les malheureux, quand tu faisais à pied, dans les saisons les plus rigoureuses, des marches pénibles et forcées, pour aller leur prodiguer tes soins, ton éloquence, ta fortune et ta vie. Je dirai quelles furent tes mœurs austères, et je révélerai les secrets de ta conduite privée, en laissant à l'histoire à faire connaître ta conduite publique et tes actions dans le gouvernement, tes discours comme législateur, et tes missions immortelles près de nos armées.

O journée de Fleurus (1)! tu dois associer tes lauriers, que rien ne pourra flétrir, aux funèbres cyprès qui ombragent la tombe de mon ami. Et vous, Pichegru, Jourdan, les compagnons de ses exploits et de sa gloire, vous lui rendrez justice. Vous êtes guerriers, vous devez être francs. La bonne foi fut de tout temps la vertu des héros. Vous direz ce que doit la patrie à ses vertus et à son courage. Vous ne trahirez point la vérité, vous ne servirez point l'envie; car un jour vous seriez

---

(1) Saint-Just contribua puissamment au succès de cette journée. Nous avions été repoussés trois fois. Il fit former un cordon derrière l'armée, avec ordre de sabrer tout fuyard. Il déclara que les généraux, dont les divisions faibliraient, seraient fusillés à la tête de l'armée.

Il s'exposa lui-même au feu de l'ennemi, et se montra froid dans le danger et stoïquement intrépide.

A son retour, il évita de faire parler de lui. On remarque les passages suivans dans son dernier discours.

« La journée de Fleurus a contribué à ouvrir la Belgique. Je désire
» qu'on rende justice à tout le monde et qu'on honore les victoires; mais
» non point de manière à honorer davantage le gouvernement que
» les armées. Car il n'y a que ceux qui sont dans les batailles qui les ga-
» gnent, et il n'y a que ceux qui sont puissans qui en profitent : il faut
» donc louer les victoires et s'oublier soi-même.

» Si tout le monde avait été modeste et n'avait point été jaloux qu'on
» parlât plus d'un autre que de soi, nous serions fort paisibles. On n'aurait
» point fait violence à la raison pour amener des hommes généreux au
» point de se défendre, pour leur en faire un crime.

» ...... J'aime beaucoup qu'on nous annonce des victoires; mais je ne
» veux point qu'elles deviennent des prétextes de vanité......... ni d'am-
» bition.

» Tout le mal est venu de ce que, sans que personne s'en doûtât, toute
» l'autorité était tombée dans quelques mains qui ont voulu la conserver
» et l'augmenter par la ruine de tout ce qui pouvait réprimer la puissance
» arbitraire.

» ...... Sylla était un fort bon général, un grand politique; il savait
» administrer; mais il appliqua ce mérite à sa fortune.... »

victimes du forfait dont vous auriez été complices. Vous direz ce qu'il a fait contre les traîtres, et comment il a déployé avec une sévérité nécessaire l'autorité nationale (1); comment il a donné l'exemple de la frugalité et de la bravoure aux soldats, de l'activité et de la prudence aux généraux, de l'humanité et de l'égalité à tous ceux qui l'approchaient.

Tyran de ses propres passions, il les avait toutes subjuguées pour ne connaître que l'amour de la patrie. Il était doux par caractère, généreux, sensible, humain, reconnaissant. Les femmes, les enfans, les vieillards, les infirmes, les soldats avaient son respect et son affection; et ces sentimens battaient si fort dans son cœur, qu'il était toujours attendri à la vue de ces objets si intéressans par eux-mêmes.

Que de larmes je lui ai vu répandre sur la violence du gouvernement révolutionnaire et sur la prolongation d'un régime affreux, qu'il n'aspirait qu'à tempérer par des institutions douces, bienfaisantes et républicaines! Mais il sentait qu'*il fallait détendre et non pas briser les cordes de l'arc*. Il voulait surtout prévenir les abus et punir les crimes. Il voulait régénérer les mœurs publiques, et rendre tous les cœurs à la vertu et à la nature.

Il était pénétré de la corruption des hommes, et voulait en détruire le germe par une éducation sévère et des institutions fortes. — « Aujourd'hui, me disait-il, on ne peut proposer une loi rigoureuse et salutaire, que l'intrigue, le crime, la fureur ne s'en emparent et ne s'en fassent un instrument de mort, au gré des caprices et des passions. »

J'ai été témoin de son indignation à la lecture de la loi du 22 prairial, dans le jardin du quartier-général de Marchiennes, au pont devant Charleroi. Mais, je dois le dire, il ne parlait qu'avec enthousiasme des talens et de l'austérité de Robespierre, et il lui rendait une espèce de culte.

Il soupirait après le terme de la révolution pour se livrer à

(1) Cette sévérité parut souvent outrée. Mais il ne craignit point de la tourner contre des hommes qui déshonoraient et faisaient exécrer la révolution par leurs excès et leurs crimes. Il délivra les départemens du Haut et Bas-Rhin de *Schneider*, qui y promenait indistinctement la guillotine sur toutes les têtes, et il fut le sauveur de ces pays dont Schneider était le bourreau.

ses méditations ordinaires, contempler la nature, et jouir du repos de la vie privée dans un asile champêtre, avec une jeune personne que le ciel semblait lui avoir destinée pour compagne, et dont il s'était plu lui-même à former l'esprit et le cœur, loin des regards empoisonnés des habitans des villes.

C'est une atroce calomnie de l'avoir supposé méchant. La vengeance ni la haine n'ont jamais entré dans son ame. J'en appelle à vous, citoyens de Blérancourt, sous les yeux desquels son génie et ses vertus se sont développés. Il en est parmi vous dont les liaisons, les habitudes et les passions avaient corrompu les opinions politiques, et qui avez outragé, calomnié, persécuté Saint-Just, parce qu'il marchait dans une route contraire à celle où vous étiez jetés.

Cependant, après qu'il fut devenu membre du gouvernement, quand vous vous êtes vus traduits au tribunal révolutionnaire pour des faits ou des discours inciviques, vous n'avez pas craint d'invoquer son témoignage ; et, par ses soins et ses efforts, vous êtes rentrés dans vos foyers, et vous avez joui des embrassemens de vos proches qui n'espéraient plus vous revoir. — « Ils ont été mes ennemis, disait-il en parlant de vous ; je leur dois tout mon zèle et mon appui, pourvu que l'intérêt public ou l'inflexible probité n'exigent pas le sacrifice de leur liberté ou de leur vie. » — Et il réussit à vous sauver.

Autant il était liant et sociable dans les affaires privées, autant il était quelquefois irascible, sévère et inexorable quand il s'agissait de la patrie. Alors il devenait un lion, n'écoutant plus rien, brisant toutes les digues, foulant aux pieds toutes les considérations ; et son austérité imprimait la crainte à ses amis et lui donnait un air sombre et farouche, et des manières despotiques et terribles, qui le forçaient ensuite à réfléchir lui-même avec effroi sur les immenses dangers de l'exercice du pouvoir absolu, quand il est confié à des hommes dont la tête n'est pas aussi bien organisée que le cœur est pur......

Tel était l'homme qui, à peine âgé de vingt-sept ans, a été moissonné par une révolution à laquelle il avait consacré son existence, et qui a laissé de longs regrets à la patrie et à l'amitié.

INSTITUTIONS.

PREMIER FRAGMENT.

PRÉAMBULE.

Les institutions sont la garantie du gouvernement d'un peuple libre contre la corruption des mœurs, et la garantie du peuple et du citoyen contre la corruption du gouvernement.

Les institutions ont pour objet de mettre dans le citoyen, et dans les enfans même, une résistance légale et facile à l'injustice; de forcer les magistrats et la jeunesse à la vertu; de donner le courage et la frugalité aux hommes; de les rendre justes et sensibles; de les lier par des rapports généreux; de mettre ces rapports en harmonie, en soumettant le moins possible aux lois de l'autorité les rapports domestiques et la vie privée du peuple; de mettre l'union dans les familles, l'amitié parmi les citoyens; de mettre l'intérêt public à la place de tous les autres intérêts; d'étouffer les passions criminelles; de rendre la nature et l'innocence la passion de tous les cœurs, et de former une patrie.

Les institutions sont la garantie de la liberté publique; elles moralisent le gouvernement et l'état civil; elles répriment les jalousies, qui produisent les factions; elles établissent la distinction délicate de la vérité et de l'hypocrisie, de l'innocence et du crime; elles asseoient le règne de la justice.

Sans institutions, la force d'une république repose, ou sur le mérite des fragiles mortels, ou sur des moyens précaires.

C'est pourquoi, de tout temps, la politique des voisins d'un peuple libre, s'ils étaient jaloux de sa prospérité, s'est efforcée de corrompre ou de faire proscrire les hommes dont les talens ou les vertus pouvaient être utiles à leur pays.

Scipion fut accusé; il se disculpa, en opposant sa vie entière à ses accusateurs : il fut assassiné bientôt après. Ainsi, les Gracques moururent : ainsi, Démosthène expira aux pieds de la statue des dieux; ainsi l'on immola Sidney, Barneveldt; ainsi finirent tous ceux qui se sont rendus redoutables par un courage incorruptible. Les grands hommes ne meurent point dans leur lit.

C'est pourquoi, l'homme qui a sincèrement réfléchi sur les causes de la décadence des empires, s'est convaincu que leur solidité n'est point dans leurs défenseurs, toujours enviés, toujours perdus; mais dans les institutions immortelles, qui sont impassibles et à l'abri de la témérité des factions.

Tous les hommes que j'ai cités plus haut avaient eu le malheur de naître dans des pays sans institutions. En vain ils se sont étayés de toutes les forces de l'héroïsme : les factions, triomphantes un seul jour, les ont jetés dans la nuit éternelle, malgré des années de vertus.

Parmi tous les cœurs qui m'entendent, il n'en est point, sans doute, qui ne soit saisi d'une horreur secrète à l'aspect de ces vérités tristes.

Ce furent elles qui m'inspirèrent le dessein généreux d'effectuer la garantie pratique du gouvernement, par l'amour du bien, devenu la passion de tous les citoyens. Ce furent ces vérités tristes, qui, me conduisant au devant des orages et des jalousies que j'entrevoyais, me firent concevoir l'idée d'enchaîner le crime par des institutions, et de faire pratiquer à tous la justice et la probité, dont j'avais proféré les noms sacrés.....

J'avais aussi l'idée touchante, que la mémoire d'un ami de l'humanité doit être chère un jour. Car enfin, *l'homme obligé de s'isoler du monde et de lui-même, jette son ancre dans l'avenir, et presse sur son cœur la postérité, innocence des maux présens........*

Dieu, protecteur de l'innocence et de la vérité, puisque tu m'as conduit parmi quelques pervers, c'était sans doute pour les démasquer!......

La politique avait compté beaucoup sur cette idée, que personne n'oserait attaquer des hommes célèbres, environnés d'une grande illusion..... J'ai laissé derrière moi toutes ces faiblesses; je n'ai vu que la vérité dans l'univers, et je l'ai dite.......

Les circonstances ne sont difficiles que pour ceux qui reculent devant le tombeau. Je l'implore, le tombeau, comme un bienfait de la Providence, pour n'être plus témoin de l'impunité des forfaits ourdis contre ma patrie et l'humanité.

Certes, c'est quitter peu de chose qu'une vie malheureuse, dans laquelle on est condamné à végéter le complice ou le témoin impuissant du crime.....

Je méprise la poussière qui me compose et qui vous parle, on pourra la persécuter et faire mourir cette poussière! mais je défie qu'on m'arrache cette vie indépendante que je me suis donnée dans les siècles et dans les cieux.....

Il est essentiel, dans les révolutions, où la perversité

et la vertu jouent de si grands rôles, de prononcer très-nettement tous les principes, toutes les définitions. Il arrive un moment où ceux qui ont le plus d'esprit et de politique l'emportent sur ceux qui ont le plus de patriotisme et de probité. Malheur à ceux qui vivent dans un temps où la vertu baisse les yeux, la rougeur sur le front, et passe pour le vice auprès du crime adroit! Malheur à ceux qui vivent dans un temps où l'on persuade par la finesse de l'esprit, et où l'homme ingénu au milieu des factions est trouvé criminel, parce qu'il ne peut comprendre le crime! Alors, toute délibération cesse, parce que, dans son résultat, on ne trouve plus, et celui qui avait raison, et celui qui était dans l'erreur; mais celui qui était le plus insolent, et celui qui était le plus timide. Toute délibération cessant sur l'intérêt public, les volontés sont substituées au droit : voilà la tyrannie.

Je n'aime point les mots nouveaux; je ne connais que le *juste* et l'*injuste*; ces mots sont entendus par toutes les consciences. Il faut ramener toutes les définitions à la conscience : l'esprit est un sophiste qui conduit les vertus à l'échafaud.

Il est des imputations faites par l'esprit hypocrite, auxquelles l'homme sincère et innocent ne peut répondre. Il est tels hommes traités de dictateurs et d'ambitieux, qui dévorent en silence ces outrages. Quel est le plus puissant, de celui qui traite impunément un homme de dictateur, ou de celui qui est traité ainsi?.....

Il faut substituer, par les institutions, la force et la justice inflexible des lois à l'influence personnelle. Alors la révolution est affermie; il n'y a plus de jalousies, ni de factions; il n'y a plus de prétentions, ni de calomnies.

Les institutions ont pour objet d'établir de fait toutes les garanties sociales et individuelles, pour éviter les dissensions et les violences; de substituer l'ascendant des mœurs à l'ascendant des hommes.

DEUXIÈME FRAGMENT.

DE LA SOCIÉTÉ.

La société n'est point l'ouvrage de l'homme, elle n'a rien de commun avec l'institution des peuples. Cette institution fut une seconde association qui donna aux hommes un génie nouveau, de nouveaux intérêts. Obligés de se soutenir par la violence et par les armes, ils attribuèrent à la nature les besoins qui ne leur étaient venus que de l'oubli de la nature. Il fallut donner à ces grands corps politiques des proportions et des lois relatives, afin de les affermir..... L'on s'accoutuma à croire que la vie naturelle était la vie sauvage. Les nations corrompues prirent la vie brutale des nations barbares, pour la nature; tandis que les unes et les autres étaient sauvages à leur manière, et ne différaient que de grossièreté.

La société politique n'a point, comme on l'a prétendu, fait cesser l'état de guerre; mais au contraire elle l'a fait naître, en établissant entre les hommes des rapports de dépendance qu'ils ne connaissaient pas auparavant.

Tout ce qui respire sous la loi naturelle est indépendant de son espèce, et vit en société dans son espèce.

Tout ce qui respire sous une loi politique, ou une loi de force, est en guerre contre ce qui n'est point sa société, ou ce qui n'est point son espèce.

L'indépendance des êtres de même espèce entre eux, est fondée sur les rapports ou sur les lois qui les unissent. Unis par ces rapports ou ces lois, ils se trouvent en état de force contre une autre espèce que la leur.

Les animaux de même espèce n'ont point formé de sociétés particulières, armées les unes contre les autres. Les peuples cependant se sont armés contre les peuples.

Tous les êtres sont nés pour l'indépendance ; cette indépendance a ses lois, sans lesquelles ils languiraient isolés, et qui, en les rapprochant, forment la société. Ces lois dérivent des rapports naturels ; ces rapports sont les besoins et les affections. Ces besoins et ces affections ne donnent à aucun le droit de conquête sur les autres ; car cette conséquence détruirait son principe. Ils produisent ce qu'on appelle le *commerce*, ou *l'échange libre de la possession*.

Selon la mesure de leurs besoins ou de leurs affections, les animaux s'associent plus ou moins. On les voit presque toujours par troupeaux, si ce n'est que l'avarice de l'homme les effraie. Ils se rencontrent, sans se maltraiter ni se fuir. Le plus sensible, le plus intelligent de tous, l'homme, naît pour une société plus parfaite, pour des rapports plus étendus, pour des plaisirs plus vifs, et pour les délices de l'indépendance.

Les hommes forment donc une société naturelle qui repose sur leur indépendance. Mais un peuple en corps (puisqu'il existe des peuples) (1) forme une force poli-

---

(1) L'homme a des rapports de raison avec lui-même pour diriger sa conduite. Les hommes ont aussi entre eux des rapports, d'autant moins clairement déterminés, qu'ils sont plus nombreux. Deux hommes s'entendent, quatre ne s'entendent plus. Enfin, il n'y a que des rapports de fait, de barbarie, entre un peuple et un peuple ; c'est pourquoi la force fait le droit entre eux.

Le gouvernement est en conséquence plus fort que le peuple, parce qu'il est moins nombreux.

tique contre la conquête. L'état social est le rapport des hommes entre eux; l'état politique est le rapport des peuples.

On voit que les hommes, se traitant eux-mêmes en ennemis, ont tourné contre leur indépendance sociale la force qui n'était propre qu'à leur indépendance extérieure et collective; que cette force, par le contrat social, est devenue une arme à une portion du peuple pour opprimer le peuple entier, sous prétexte de le défendre contre ses membres et contre des ennemis étrangers

Si tel fut l'objet du contrat social de conserver l'association, les hommes dans ce sens sont considérés comme des bêtes sauvages qu'il a fallu dompter. En effet, par le contrat, tous vivent armés contre chacun, comme une troupe d'animaux de diverses espèces inconnues l'une à l'autre et tout près de se dévorer. La sûreté de tous est dans l'anéantissement de chacun, au lieu qu'on la trouve si simplement dans leur indépendance.

Je crois pouvoir dire que la plupart des erreurs politiques sont venues de ce qu'on a regardé la législation comme une science difficile. De là, l'incertitude et la diversité des gouvernemens. De pareilles idées devaient perpétuer les peuples dans l'esclavage; car, en supposant l'homme farouche et meurtrier dans la nature, on n'imaginait plus d'autre ressort que la force pour le gouverner.

Néanmoins, comme dans la république l'intérêt d'un seul est protégé par la force de tous, et que tous et chacun sont, non point unis, mais liés par la pression; la république, par la nature de la convention, a fait un contrat politique, ou de force, entre chacun et tous, et ce contrat politique forme un pacte social. Mais quelle violence, quelle faiblesse dans ce corps dénué de liaisons, dont le mécanisme stérile est comme un arbre dont les racines et les branches supendues ne toucheraient pas le tronc! Ces sociétés ressemblent à des traités de pirates qui n'ont d'autre garantie que le sabre. Ces brigands ont aussi un pacte social sur leurs navires.

On a mal appliqué le principe politique : il n'appartenait qu'au droit des gens, c'est-à-dire qu'il était de peuple à peuple. Cela même est une loi de nos institutions : ce ne sont point les hommes, mais les Etats qui se font la guerre.

Il n'y a guère lieu de concevoir maintenant que les peuples, renonçant à leur orgueil politique, tant qu'ils seront régis par le pouvoir, se remettent sous la loi de la nature et de la justice ; que venant à s'envisager comme les membres d'une même famille, ils retranchent de leur cité l'esprit particulier qui les rend ennemis, et l'amour des richesses qui les ruine. Les ames bienfaisantes qui se livrent à ces illusions, connaissent peu toute l'étendue du chemin que nous avons fait hors de la vérité. Ce rêve, s'il est possible, n'est que dans un avenir qui n'est point fait pour nous.

Il faut donc, sans chercher inutilement à mettre des rapports de société entre les peuples, se borner à les rétablir entre les hommes. Ces peuples, plus ou moins éclairés, plus ou moins opprimés, ne peuvent en même temps recevoir les mêmes lois. Il en est autrement d'une république où toutes choses ont une progression commune.

Cependant, un peuple qui se réforme et se donne des lois véritablement humaines, entouré de peuples inhumains, doit, pour la durée de sa propre harmonie, ôter de sa politique extérieure tout ce qu'il peut sagement en ôter, sans compromettre l'Etat. Car un peuple qui se gouvernerait naturellement et renoncerait aux armes, serait bientôt la proie de ses voisins ; et, si ce peuple renonçait au luxe et au commerce pour une vie simple, ses voisins s'enrichiraient de ses privations, et deviendraient si puissans qu'ils l'accableraient bientôt. Les maîtres qui les dominent auraient d'autant plus d'intérêt à le faire, qu'ils auraient tout à craindre de l'exemple et de la population de cette société indépendante.

L'ordre social, dit très-bien Rousseau, est la première de toutes les lois. Un peuple, quelle que soit son administration, doit vivre avec les peuples qui l'entourent, comme ils vivent avec lui. A proprement parler, il n'existe point de rapports entre les nations ; elles n'ont que des intérêts respectifs, et la force fait le droit entre elles.

Ce n'est pas qu'en prenant en elles-mêmes les idées de justice, on ne trouve entre les peuples des principes de morale et de raison qu'ils doivent respecter ; mais ces idées-là n'ont point de sanction. Un peuple ne peut pas déclarer la guerre à ses voisins, s'il n'a quelque sujet de s'en plaindre ; mais, s'il leur fait une guerre inique, qui peut l'en empêcher?

Une considération qui, selon quelques-uns, légitime la guerre et le droit de conquête, c'est de savoir ce que doit devenir l'excès de population d'un peuple, lorsque le sol ne suffit plus à ses besoins. Faut-il qu'un peuple égorge sa jeunesse, pour ne point troubler la paix étrangère? ou faut-il que, par des institutions criminelles, comme à Lacédémone, il prévienne son accroissement? Il suit de là qu'il existe au moins une loi morale entre les peuples : c'est l'inutilité de conquérir, tant que le sol leur suffit.

De cette idée, que la guerre est légitime par la nécessité de conquérir, semble découler le principe de la dissolution des premières sociétés, et la preuve que les hommes sont naturellement dans un état de guerre. Car on en peut induire que, les familles s'étant accrues, l'homme, au sein d'une petite société, s'arma contre l'homme pour étendre son champ, et qu'il fallut une loi politique pour comprimer cette violence intérieure.

Mais si l'on examine que la férocité de peuple à peuple tient à leur isolement, et que d'homme à homme tout est identité ; si l'on examine que le mouvement qu'occasionerait entre les hommes leur trop grand nombre, se porterait comme un tourbillon aux extrémités et ne réagirait point contre son centre : on voit que l'excès de population ne peut troubler que les sociétés voisines. Tout au plus, je dirai donc que la conquête est l'origine de l'institution des peuples, et que, la terre étant couverte d'habitans, il se fit des aggrégations pour s'attaquer et se repousser. Les émigrations du Nord, il y a mille ans, l'attestent : ces hommes, cruels envers les autres peuples, étaient sans doute paisibles dans leur patrie, ou ils l'auraient détruite et s'y seraient fait place. On a découvert dans l'Amérique des îles peuplées : là, il semble que l'émigration étant impossible, la force devait refluer sur elle-même : mais, ou la terre leur suffisait, ou ils formaient divers peuples qui s'exterminaient.

Je me suis fait à moi-même ces difficultés pour les prévenir. Il est clair, d'après cela, que les peuples, à cause de l'accroissement de la population, sont dans l'état de guerre, ce qui nécessite une loi politique entre eux. Mais il est clair aussi que le même état de guerre n'existe plus d'homme à homme, et que conséquemment la force ne doit point entrer dans la cité.

Maintenant, je vais examiner l'excès de la population, s'il est véritablement un excès en lui-même, ou s'il est simplement relatif. Les émigrations du Nord n'arrivèrent point parce que le territoire ne suffisait point à ses habitans, mais à cause de certaines mœurs qui privaient ces peuples d'industrie. L'esprit de conquête n'est point né de la misère, mais de l'avarice et de la paresse. Les colonies de Carthage ne prouvent point un excès de population, mais un dessein particulier d'étendre son commerce et sa domination. Les colonies grecques avaient un autre principe : la Grèce n'était point trop peuplée, mais elle était guerrière et n'était point commerçante ; et, loin que l'on puisse citer l'exemple d'une seule guerre et d'une seule colonie produite par la fécondité d'un pays, l'une et l'autre ne fut jamais qu'une marque d'altération.

L'insuffisance du territoire ne prouve point un excès de population, mais la stérilité de l'administration.

En vain me dit-on que l'homme naît sauvage ; on dit aussi qu'il naît pour la société. Si l'homme était né purement sauvage, il ne serait point né pour la société, mais pour se détruire......

Je laisserais la question comme je l'ai trouvée, si la nature même de cet ouvrage ne m'obligeait de la résoudre. Car enfin, si je prétends que les hommes ne sont point faits pour un état de guerre, et que leur fécondité nécessite la guerre, je me trouve en contradiction avec le principe de la société que j'établis.

Je ne connais pas encore un seul exemple d'une guerre entreprise à raison d'une fécondité positive.

Le monde, tel que nous le voyons, est presque dépeuplé ; il l'a toujours été. La population fait le tour de la terre et ne la couvre jamais tout entière. Je n'ose dire quel nombre prodigieux d'habitans elle pourrait nourrir ; et ce nombre ne serait pas encore rempli, quand le fer n'aurait pas immolé la moitié du genre humain. Il me semble que la population a ses vicissitudes et ses bornes en tout pays, et que la nature n'eut jamais plus d'enfans qu'elle n'a de mamelles.

Je dis donc que *les hommes sont naturellement en société et naturellement en paix; et que la force ne doit jamais avoir de prétexte pour les unir ou les diviser.*

TROISIÈME FRAGMENT.

IDÉES GÉNÉRALES.

1. INSTITUTIONS. — 2. LOIS. — 3. MŒURS. — 4. RÉPUBLIQUE ET GOUVERNEMENT. — 5. RÉVOLUTION.

N. B. On a rassemblé ici, sous divers titres, des idées générales, éparses dans le manuscrit de l'auteur, et destinées sans doute à trouver leur place dans le discours qui devait précéder son projet d'institutions.

1. INSTITUTIONS.

S'il y avait des mœurs, tout irait bien ; il faut des institutions pour les épurer. Il faut tendre là : voilà tout ce qu'il faut faire ; tout le reste s'ensuivra.

La terreur peut nous débarrasser de la monarchie et de l'aristocratie ; mais qui nous délivrera de la corruption ?...... Des institutions. On ne s'en doute pas ; on croit avoir tout fait quand on a une machine à gouvernement......

J'entends dire à beaucoup de gens qu'ils ont fait la révolution. Ils se trompent, elle est l'ouvrage du peuple. Mais *savez-vous ce qu'il faut faire aujourd'hui, et ce qui n'appartient qu'au législateur même ?..... C'est la république.......*

Démosthène contribua à perdre la Grèce. Son influence détermina l'opinion en sens contraire de ce qu'il fallait pour sauver la patrie. Il se contenta de donner des conseils qu'on ne suivit point. La Grèce était corrompue ; il y fallait une révolution et d'autres lois. Les anciennes n'avaient plus assez de force contre la force du génie de Philippe....

———◆———

Il y a trop de lois, trop peu d'institutions civiles. Nous n'en avons que deux ou trois. A Athènes et à Rome il y avait beaucoup d'institutions. Je crois que plus il y a d'institutions, plus le peuple est libre. Il y en a peu dans les monarchies, encore moins dans le despotisme absolu. Le despotisme se trouve dans le pouvoir unique, et ne diminue que plus il y a d'institutions.

Une institution composée de beaucoup de membres, et une institution composée d'un membre unique, sont despotiques. La volonté particulière triomphe dans l'une et dans l'autre, et c'est moins la loi que l'arbitraire qui s'y glisse. Nos institutions sont composées de beaucoup de membres, et les institutions sont en petit nombre. Il faudrait que nos institutions fussent en grand nombre et composées de peu de personnes.... Il faut diminuer le nombre des membres des autorités constituées.

Il faut examiner le système des magistratures collectives, telles que municipalités, administrations, comités de surveillance, etc....., et voir si distribuer les fonctions de ces corps à un magistrat unique dans chacun, ne serait pas le secret de l'établissement solide de la révolution.....

Une loi contraire aux institutions est tyrannique.

2. LOIS.

Les longues lois sont des calamités publiques.

La monarchie était noyée dans les lois ; et, comme toutes les passions et les volontés des maîtres étaient devenues des lois, on ne s'entendait plus.

Il faut peu de lois. Là où il y en a tant, le peuple est esclave. L'esclavage est l'abnégation de sa volonté. Là où l'homme obéit, sans qu'on le suppose bon, il n'y a ni liberté ni patrie. Celui qui donne à un peuple trop de lois est un tyran. Le nom de loi ne peut sanctionner le despotisme ; le despotisme est l'exercice sur le peuple d'une volonté étrangère à la sienne.

Obéir aux lois, cela n'est pas clair ; car la loi n'est souvent autre chose que la volonté de celui qui l'impose. On a le droit de résister aux lois oppressives....

Lorsque la politique humaine attache la chaîne aux pieds d'un homme libre, qu'elle fait esclave, au mépris de la nature et du droit de cité, la justice éternelle rive l'autre bout au cou du tyran......

―――

La force des lois générales est extrême. L'autorité suprême gouverne aisément le peuple et ne peut gouverner le gouvernement.

―――

La France est plus puissante pour mouvoir le peuple français, le porter à des sacrifices et lui faire prendre les armes, qu'elle n'est puissante contre chacun et contre un abus particulier.

3. MOEURS.

La destinée d'un peuple se compose de ceux qui visent à la gloire et de ceux qui visent à la fortune.

Chacun, votant et parlant dans les délibérations publiques, parle et vote selon ses idées. *S'il y a plus de gens qui visent à la gloire, l'État est heureux et prospère ; s'il y a plus de gens qui visent à la fortune, l'État dépérit.*

Il n'est, dans tout État, qu'un fort petit nombre

d'hommes qui s'occupent d'autre chose que de leur intérêt et de leur maison. Il en est peu qui prennent part dans les affaires et dans la nature du gouvernement. En France, la dénomination de *patriote* exige un sentiment vif, qui contrarie ceux qui sont accoutumés et prennent un lâche plaisir à ne se mêler de rien......

Il y a deux sortes de *fédéralisme* : le *fédéralisme politique*, qui consiste dans le gouvernement ; le *fédéralisme civil*, qui naît des rapports entre les citoyens.

Il y a un fédéralisme de droit : ce serait celui où la forme avouée du gouvernement l'aurait établi. Il y a un fédéralisme de fait, dans le cas où, quoique le gouvernement fût un, chaque ville, chaque commune s'isoleraient d'intérêt.

C'est ce qui arrive en ce moment ; chacun retient ses denrées dans son territoire, toutes les productions se consomment sur le sol.

Le but d'un gouvernement opposé au fédéralisme n'est pas que l'unité soit au profit du gouvernement, mais au profit du peuple : il faut donc empêcher que personne s'isole de fait.....

La patrie n'est point le sol, elle est la communauté des affections, qui fait que, chacun combattant pour le salut ou la liberté de ce qui lui est cher, la patrie se trouve défendue. Si chacun sort de sa chaumière, son fusil à la main, la patrie est bientôt sauvée. Chacun combat pour ce qu'il aime : voilà ce qui s'appelle parler de bonne foi. Combattre pour tous, n'est que la conséquence.

Là où l'on censure les ridicules, on est corrompu. Là où l'on censure les vices, on est vertueux. Le premier tient de la monarchie ; l'autre de la république...

Celui qui plaisante à la tête du gouvernement tend à la tyrannie.....

Le bien même est souvent un moyen d'intrigue. Soyons ingrats, si nous voulons sauver la patrie.

La grossièreté est une sorte de résistance à l'oppression. La douceur est compagne de la fierté de l'homme libre.

———

Le stoïcisme, qui est la vertu de l'esprit et de l'ame, peut seul empêcher la corruption d'une république marchande, ou qui manque de mœurs.

———

Le jour où je me serai convaincu qu'il est impossible de donner au peuple français des mœurs douces, énergiques, sensibles et inexorables pour la tyrannie et l'injustice, je me poignarderai.

4. RÉPUBLIQUE ET GOUVERNEMENT.

De même qu'une nation peut être gouvernée dans le plus grand degré de faiblesse d'opinion, de même elle peut l'être dans le plus haut degré d'énergie. Sur quelque ton qu'on se monte, on peut marcher, pourvu qu'on y soit en harmonie. Je pense donc que nous devons être exaltés; cela n'exclut point le sens commun, ni la sagesse.

On peut mettre l'ordre, même dans une cité ardente, comme la nature le met dans un coursier et dans un volcan. Établissons notre doctrine, donnons la vie à notre liberté: elle nous condamne à la vertu, au courage, à la modestie; ne seraient-ce que de vains mots? Elle nous condamne à la haine de la tyrannie; l'épargnerions-nous? Formons la cité : il est étonnant que cette idée n'ait pas encore été à l'ordre du jour.

Une république est difficile à gouverner, lorsque chacun envie ou méprise l'autorité qu'il n'exerce pas ; lorsque le soldat envie le cheval de son général, ou le général l'honneur que la patrie rend aux soldats ; lorsque chacun s'imagine servir celui qui le commande et non la patrie ; lorsque celui qui commande s'imagine qu'il est puissant et non pas qu'il exerce la justice du peuple ; lorsque chacun, sans apprécier les fonctions qu'il exerce et celles qui sont exercées par d'autres, veut être l'égal du pouvoir au-dessus du sien, et le maître de ceux qui exercent un pouvoir au-dessous de lui ; lorsque chacun de ceux qui exercent l'autorité se croit au-dessus d'un citoyen, tandis qu'il n'a de rapports qu'avec les abus ou les crimes.

En effet, le *citoyen n'a d'abord de rapports qu'avec sa conscience et la morale ; s'il les oublie, il a ce rapport avec la loi ; s'il méprise la loi, il n'est plus citoyen : là commence son rapport avec le pouvoir.*

En un mot, on ne peut point gouverner un État lorsque tout le monde a de l'orgueil, au lieu que tout le monde ait de la modestie.

Il y a eu, dans les gouvernemens, plus d'habiles gens que de gens vertueux en place. — La modestie d'un héros ne m'en impose pas. Si vous louez la modestie d'un homme, que ferait-il de plus dangereux pour la liberté, s'il montrait de l'orgueil ?

On dit ordinairement : Le citoyen est celui qui participe aux honneurs, aux dignités ; on se trompe. Le voici le citoyen : c'est celui qui ne possède pas plus de biens que les lois ne permettent d'en posséder; celui qui n'exerce point de magistrature et est indépendant de la responsabilité de ceux qui gouvernent.

Quiconque est magistrat, n'est plus du peuple. Il ne peut entrer dans le peuple aucun pouvoir individuel. Si les autorités faisaient partie du peuple, elles seraient plus puissantes que lui. Les autorités ne peuvent affecter aucun rang dans le peuple. Elles n'ont de rang que par rapport aux coupables et aux lois. Un citoyen vertueux doit être plus considéré qu'un magistrat.....

Lorsqu'on parle à un fonctionnaire, on ne doit pas dire *citoyen*; ce titre est au-dessus de lui.

Un gouvernement républicain a la vertu pour principe; sinon, la terreur. Que veulent ceux qui ne veulent, ni vertu, ni terreur?......

La force ne fait, ni raison, ni droit; mais il est peut-être impossible de s'en passer, pour faire respecter le droit et la raison......

Un gouvernement faible est très-pesant sur le peuple. Les membres du gouvernement sont libres, le peuple ne l'est pas......

On dit qu'un gouvernement vigoureux est oppressif; on se trompe : la question est mal posée. Il faut, dans le gouvernement, justice. Le gouvernement qui l'exerce n'est point vigoureux et oppressif pour cela, parce qu'il n'y a que le mal qui soit opprimé.....

On a objecté qu'on ne trouverait point assez d'hommes pour exercer la censure; mais il faut plus de lumières et de vertus, pour exercer une magistrature dans un gouvernement faible, que pour l'exercer dans un gouvernement robuste. Dans le premier, tout le gouvernement repose sur le mérite personnel ; dans le second, sur la force et l'harmonie des institutions. Pour le premier, il faut des sages, afin qu'ils n'abusent point. Pour le second, il ne faut que des hommes ; car l'allure générale les entraîne. Dans le premier, il n'y a plus de contrat ; dans le second, il y en a un qui règle tous les mouvemens et fait partout la loi. Dans le premier, il y a une action et une réaction continuelle de forces particulières ; dans le second, il y a une force commune, dont chacun fait partie, et qui concourt au même but et au même bien.

La liberté du peuple est dans sa vie privée ; ne la troublez point. Ne troublez que les ingrats et que les méchans. Que le gouvernement ne soit pas une puissance pour le citoyen, qu'il soit pour lui un ressort d'harmonie ; qu'il ne soit une force, que pour protéger cet état de simplicité contre la force même.....

Il s'agit moins de rendre un peuple heureux, que de l'empêcher d'être malheureux. N'opprimez pas, voilà tout. Chacun saura bien trouver sa félicité. Un peuple, chez lequel serait établi le préjugé qu'il doit son bonheur à ceux qui gouvernent, ne le conserverait pas longtemps.....

Savez-vous bien que l'homme n'est point né méchant ; c'est l'oppression qui est méchante : c'est son exemple contagieux qui, de degré en degré, depuis le plus fort jusqu'au plus faible, établit la dépendance. Cette hiérarchie ne devrait être que dans le gouvernement, afin que pesant sur lui-même, sa force expirât là où commence la cité.

Tant que vous verrez quelqu'un dans l'antichambre des magistrats et des tribunaux, le gouvernement ne vaut rien. C'est une horreur qu'on soit obligé de demander justice.

On veut bien être rigoriste en principes, lorsqu'on dé-

truit un mauvais gouvernement; mais il est rare que, si l'on vient à gouverner soi-même, on ne rejette bientôt ces mêmes principes pour y substituer sa volonté.

Ce n'est guère que par les moyens et l'argent que fournira l'étranger, qu'on pourra troubler notre repos dans la république. Les Etats ne sont guère agités que par les gouvernemens voisins. Il faudrait, pour être heureux, s'isoler le plus possible.

5. RÉVOLUTION.

La révolution est glacée; tous les principes sont affaiblis; il ne reste que des bonnets rouges portés par l'intrigue.

L'exercice de la terreur a blasé le crime, comme les liqueurs fortes blasent le palais.

Sans doute, il n'est pas encore temps de faire le bien. Le bien particulier que l'on fait est un palliatif. Il faut attendre un mal général assez grand pour que l'opinion générale éprouve le besoin de mesures propres à faire le bien. *Ce qui produit le bien général est toujours terrible, ou paraît bizarre lorsqu'on commence trop tôt.*

La révolution doit s'arrêter à la perfection du bonheur et de la liberté publique, par les lois. Ses élancemens n'ont point d'autre objet, et doivent renverser tout ce qui s'y oppose; et chaque période, chaque victoire sur le monarchisme, doit amener et consacrer une institution républicaine.

On parle de la hauteur de la révolution : qui la fixera, cette hauteur? Elle est mobile. Il fut des peuples libres qui tombèrent de plus haut.

QUATRIÈME FRAGMENT.

QUESTION DU BIEN GÉNÉRAL. — MONNAIES. — ÉCONOMIE.

Comme tout le monde délibère sans cesse, dans un état libre, et sur les personnes et sur les choses, et que l'opinion publique y est frappée de beaucoup de vicissitudes et remuée par les caprices et les passions diverses, *les législateurs doivent faire en sorte que la question du bien général soit toujours clairement posée, afin que tout le monde délibérant pense, agisse et parle dans le sens et dans le cercle de l'ordre établi.*

La question du bien général doit être posée sous tous ses rapports, afin que tout agisse et réagisse avec harmonie.

C'est vraiment alors que la république est une et indivisible, et que le souverain se compose de tous les cœurs portés à la vertu.

Aussitôt que la question du bien général cesse d'être posée, on n'a plus de mesure pour juger sainement la situation politique de l'État. Chacun prend le parti qui lui convient pour arriver à la fortune et s'assouvir lui-même. L'hypocrisie devient impénétrable, parce qu'on peut difficilement la mettre en contradiction avec l'intérêt public, dont on ne connaît pas bien précisément la mesure.

Alors, la jalousie s'éveille contre ceux qui gouvernent; alors l'opinion, qui s'attache aux réputations, n'est point appliquée au bien général ; alors on voit sur le front des pervers, occupés à ourdir l'esclavage, des rides sombres et criminelles ; alors, tout étant mu par l'intérêt personnel qui ne connaît plus de limites, l'autorité s'échappe des mains légitimes par les considérations individuelles.

Alors, enfin, l'influence étrangère forme des traîtres, ou fait mourir les Gracques, fait honorer le crime et fait proscrire la vertu.

L'État est-il victorieux ? chacun accroît son importance personnelle : la liberté n'est déjà plus ; la jalousie et l'esclavage sont dans tous les cœurs, et la dissimulation sur toutes les lèvres.

C'est donc à vous, législateurs, de poser sans cesse la question du bien public, d'en rapprocher tout, d'y soumettre tout ce qui se dit et se fait. Par-là, vous conserverez votre influence ; par-là, vous jugerez les passions qui vous sont contraires ; par-là, vous substituerez dans l'État le génie commun de la patrie à la jalousie et aux cris des factions.

La question du bien général aujourd'hui peut être ainsi posée :

Il faut que tout le monde travaille et se respecte.

Si tout le monde travaille, l'abondance reprendra son cours ; il faudra moins de monnaie ; il n'y aura plus de vices publics.—Si tous le monde se respecte, il n'y aura plus de factions : les mœurs privées seront douces, et les mœurs publiques fortes. Alors, le citoyen jugeant de tout avec un sens droit, l'étranger n'aura plus l'initiative des jugemens sur les choses et sur les personnes, et son influence passera au milieu de nous sans nous corrompre, et sera sentie d'abord.

J'ai dit que le travail et le respect civil étaient pour nous des vertus nécessaires. En effet, si nous continuons d'émettre autant de signes que nous l'avons fait par le passé, chacun à la fin se sentant assez opulent pour se dispenser du travail, vous verrez dépérir les cultures et les manufactures.

Quand Rome perdit le goût du travail, et vécut des tributs du monde, elle perdit sa liberté.

On commence à voir aujourd'hui des citoyens qui ne travaillent que de trois jours l'un. Autrefois, la noblesse, la cour remplissaient les spectacles : celle-ci est bannie, l'autre est peu nombreuse; et cependant les spectacles présentent le même luxe. Quels sont donc ceux qui l'étalent, si ce ne sont ceux qui travaillaient autrefois?

La république ne doit-elle donc exister que dans la tribune aux harangues et dans la charte de nos lois? La monarchie restera-t-elle dans l'état civil?

Quant au respect, celui-là seul y peut manquer qui ne peut s'estimer lui-même. L'étranger l'a fait disparaître pour altérer la piété républicaine. Il a voulu qu'on n'eût la force ni de se haïr ni de s'aimer, mais que l'on se méprisât et que l'on se craignît. Par-là, l'étranger établit un principe de jalousie entre les citoyens; par-là, il ruina la garantie de la vertu même, en brisant l'obstacle qui eût empêché de la flétrir.

Le jour où le respect civil sera banni, et l'illusion de la vertu flétrie, la liberté ne sera plus.

L'Europe n'a plus aujourd'hui qu'un moyen de nous perdre, c'est de nous ôter le travail et le respect des gens de bien.

Malheur aux peuples chez lesquels la législation et l'autorité s'affaibliraient à ce point, que le travail et le respect civil s'y perdissent!

Ceci posé, je passe à l'examen, et de notre économie, et de nos mœurs. Ces deux choses sont pleines d'analogie : on ne peut guère les traiter séparément.

Il n'est guère de gouvernement qui puisse résister aux vices de son système économique. Les monnaies ont, dans tout État, une souveraine influence; le peu d'attention que nous y avons fait, doit avoir nourri chez les ennemis de la révolution française l'espérance de la voir un jour s'absorber. Nos victoires ont moins porté d'effroi dans l'Europe, que n'y en porteraient soudain un sage plan d'économie, et un système monétaire d'une exécution simple.

Je n'entends point, par un système monétaire, des coins nouveaux, de nouvelles dénominations de valeurs. Ces choses ont leur prix, mais n'appartiennent point à ce sujet.

Il s'agit de rendre à l'avenir impossible ou très-difficile la falsification des monnaies, et de découvrir sur-le-champ les fausses monnaies qui circulent. — Il s'agit de simplifier le système et la perception des tributs, en les proportionnant aux profits des citoyens........ — Il s'agit d'ôter de la perception la dureté du fisc. Un gouvernement libre doit s'expliquer sincèrement et généreusement avec le peuple.

Jamais on n'a plus senti qu'aujourd'hui la nécessité des définitions nettes, surtout en finances : car, depuis la révolution, toutes les idées d'économie ont été vues au travers d'un prisme.

Je vais donc essayer de marquer la progression des erreurs d'économie qui nous sont venues, soit des périls pressans, soit des insinuations étrangères, et quelle a été leur influence sur les mœurs.

En 1789, le numéraire se trouva resserré, soit par la cour qui conspirait, soit par la faute des riches particuliers qui projetaient leur émigration. Les banques transportèrent au-dehors et le commerce et les valeurs du crédit français.

Il se fit dans l'économie une révolution non moins étonnante que celle qui survint dans le gouvernement : on y fit moins d'attention. Les monnaies étaient resserrées, les denrées le furent aussi ; chacun voulut mettre à l'abri ce qu'il possédait. Cette défiance et cette avarice ayant détruit tous les rapports civils, il n'exista plus, un moment, de société : on ne vit plus de monnaie.

L'avarice et la défiance, qui avaient produit cet isolement de chacun, rapprochèrent ensuite tout le monde, par une bizarrerie de l'esprit humain. Je veux parler de cette époque où le papier-monnaie remplaça les métaux qui avaient disparu.

Chacun craignant de garder les monnaies nouvelles, et d'être surpris par un événement qui les eût annulées, se pressa de les jeter en circulation. Le commerce prit tout-à-coup une activité prodigieuse, qui s'accrut encore par l'empressement de tous ceux qui avaient été remboursés, à convertir leurs fonds en magasins.

Comme le commerce n'avait pris vigueur que par la défiance et la perte du crédit ; comme on cessa de tirer de l'étranger, et que le change fut tourné contre nous, l'immense quantité de signes qu'on avait émis, et qui augmenta tous les jours, ne se mesura plus que contre les denrées qui se trouvaient sur le territoire. On accapara les denrées, on en exporta chez l'étranger pour des valeurs immenses ; on les consomma; elles devinrent rares, et les monnaies s'accumulèrent, et perdirent de plus en plus.

Chacun, possédant beaucoup de papier, travailla d'autant moins, et les mœurs s'énervèrent par l'oisiveté. La main-d'œuvre augmenta avec la perte du travail. Il y eut en circulation d'autant plus de besoins et d'autant moins de choses, qu'on était riche et qu'on travaillait peu. Les tributs n'augmentèrent point ; et la république, entraînée dans une guerre universelle, fut obligée de multiplier les monnaies pour subvenir à d'énormes dépenses.

La vente des domaines nationaux et les tributs étaient le seul écoulement des monnaies ; mais il rentrait trente millions par mois, et l'on en émettait trois ou quatre cents (1). Ainsi, le signe perdant de son prix de mois en mois, les annuités n'étaient point acquittées par des capitaux, ni l'économie soulagée par leur extinction ; mais les annuités étaient acquittées par la seule redevance du bien. Alors, l'État qui vendait les fonds, ne se trouva plus assez riche pour en acheter les produits. Celui qui avait acheté de l'État un arpent de terre 600 livres, lui vendit 300 livres son produit, au lieu de 30 livres, au pied de cinq pour cent. Cette ingratitude envers la patrie, qui avait amené l'État à acheter les produits plus cher qu'il n'avait vendu les fonds, contraignit d'user de lois pénales.

L'étranger, de vicissitudes en vicissitudes, nous avait conduit à ces extrémités : lui-même il en suggéra le remède. La première idée des taxes est venue du dehors, apportée par le baron de Batz : c'était un projet de famine. Il est très-généralement reconnu aujourd'hui dans l'Europe, que *l'on comptait sur la famine pour exciter le courroux populaire ; sur le courroux populaire, pour détruire la Convention ; et sur la dissolution de la Convention, pour déchirer et démembrer la France.*

Ouvrez l'histoire, et voyez quel fut partout l'effet des taxes. Julien l'empereur, ayant taxé les denrées à Antioche, y excita une affreuse famine. Pourquoi ? non parce que la loi des taxes était mauvaise, mais parce que les hommes étaient avares. Et ce qui fait que tout le monde achète sans frein, lorsque tout est taxé ; et ce qui fait que personne ne veut vendre ; et ce qui fait que l'on vend cher, tout cela dérive de la même avarice et corruption.

La circulation des denrées est nécessaire, là où tout

---

(1) Cette émission, déjà immense, a augmenté prodigieusement après le 9 thermidor. (*Note du premier Éditeur.*)

le monde n'a pas de propriété et de matières premières. *Les denrées ne circulent point là où l'on taxe.* Si vous taxez, sans que les mœurs soient réformées, l'avarice s'ensuit. Pour réformer les mœurs, il faut commencer par contenter le besoin et l'intérêt ; il faut donner quelques terres à tout le monde.

Il faut, par la même raison, *un domaine et des revenus publics en nature.*

Je défie que la liberté s'établisse, s'il est possible qu'on puisse soulever les malheureux contre le nouvel ordre de choses ; je défie qu'il n'y ait plus de malheureux, si l'on ne fait en sorte que chacun ait des terres.

Là où il y a de très-gros propriétaires, on ne voit que des pauvres : rien ne se consomme dans les pays de grande culture.

Un homme n'est fait ni pour les métiers, ni pour l'hôpital, ni pour des hospices (1) ; tout cela est affreux. Il faut que l'homme vive indépendant, que tout homme ait une femme propre et des enfans sains et robustes ; il ne faut ni riches ni pauvres.

Un malheureux est au-dessus du gouvernement et des puissances de la terre ; il doit leur parler en maître... Il faut une doctrine qui mette en pratique ces principes, et assure l'aisance au peuple tout entier.

L'opulence est une infamie ; elle consiste à nourrir moins d'enfans naturels ou adoptifs, qu'on n'a de mille livres de revenu.

Il faut tirer les assignats de la circulation, en mettant une imposition sur tous ceux qui ont régi les affaires, et ont travaillé à la solde du Trésor public.

Il faut détruire la mendicité par la distribution des biens nationaux aux pauvres.

(1) Il ne peut exister de peuple vertueux et libre, qu'un peuple agriculteur..... Un métier s'accorde mal avec le véritable citoyen ; la main de l'homme n'est faite que pour la terre ou pour les armes.

Le dix-huitième siècle doit être mis au Panthéon.

On eût présenté la ciguë à celui qui eût dit ces choses, il y a huit mois : c'est beaucoup d'être devenu sage par l'expérience du malheur. Que cet exemple nous apprenne à ne point maltraiter les hommes sévères qui nous disent la vérité.

Il ne faut pas que les gens de bien en soient réduits à se justifier du bien public devant les sophismes du crime. On a beau dire qu'ils mourront pour la patrie : il ne faut point qu'ils meurent, mais qu'ils vivent, et que les lois les soutiennent. Il faut qu'on les mette à l'abri des vengeances de l'étranger. *Je conseille donc à tous ceux qui voudront le bien, d'attendre le moment propice pour le faire, afin d'éviter la célébrité qu'on obtient en le brusquant.*

Je désirerais que, lorsqu'une idée aurait saisi tous les esprits jusqu'à la fureur, il y eût sur la tribune aux harangues une couronne civique pour celui qui, même en se trompant, la combattrait avec décence et générosité.

Non, la raison n'est point un esprit de conquête ; mais l'influence étrangère était, il y a huit mois, si intolérante et si terrible, qu'elle eût fait lapider l'auteur d'une idée saine en économie.

Aujourd'hui que la nature et la sagesse ont repris leurs droits, et que la vérité a retrouvé des oreilles sensibles, c'est à l'amour de la patrie de faire entendre sa voix austère. L'état où nous sommes est précaire ; nous dépensons comme le prodigue insensé. Trois cents millions émis chaque mois par le Trésor public, n'y rentrent plus, et vont détruire l'amour du travail et du désintéressement sacré qui constitue la république.

Combien ne doit-il pas exister de riches, puisqu'il y a eu circulation quatre fois plus de signes qu'autrefois? Combien trois ou quatre cents millions émis par mois ne jettent-ils point de corruption dans la société? Ce système de finances pourrait faire fleurir une monarchie; mais il doit perdre toute république.

Aussi bien, quelque respect que le peuple m'inspire, je ne puis m'empêcher de censurer de nouvelles mœurs qui s'établissent. Chaque jour, un grand nombre de citoyens quittent le métier de leurs pères, et se livrent à la mollesse, qui rend la mémoire de la monarchie exécrable.

Quoi! lorsque la patrie soutient une guerre terrible, lorsque douze cent mille citoyens versent leur sang, le Trésor public, par une masse énorme de monnaies nouvelles, nourrirait des déréglemens et des passions, sans que personne retranchât rien de son avarice et de sa cruauté!

La liberté de ce discours attestera un jour la probité de ceux devant lesquels on pouvait s'exprimer ainsi. Mais on a trop long-temps fermé les yeux sur le désordre des finances qui entraine celui des mœurs.

Il ne vous reste qu'un pas à faire, pour vous montrer avec tout l'ascendant qui doit maîtriser les ennemis de la république; c'est de rendre votre commerce et votre économie indépendans de l'influence d'inertie des ces mêmes ennemis.

Voici donc le but qu'il nous semble qu'on pourrait se proposer d'atteindre :

1°. *Rendre impossible la contrefaçon des monnaies.*

2°. *Asseoir équitablement les tributs sur tous les gains, sur tous les produits, par un moyen facile, sans fisc, sans agens nombreux.*

3°. *Lever tous les tributs, en un seul jour, sur toute la France.*

4°. *Proportionner les dépenses de l'État à la quantité de signes en circulation, nécessaire aux affaires particulières.*

4*

5°. Empêcher tout le monde de resserrer les monnaies, de thésauriser et de négliger l'industrie, pour vivre dans l'oisiveté.

6°. Rendre le signe inaliénable à l'étranger.

7°. Connaître invariablement la somme des profits faits dans une année.

8°. Donner à tous les Français les moyens d'obtenir les premières nécessités de la vie, sans dépendre d'autre chose que des lois, et sans dépendance mutuelle dans l'état civil.

CINQUIÈME FRAGMENT.

DIVISION DES INSTITUTIONS DANS LEUR ORDRE DE MATIÈRE.

Les institutions françaises se composent :

1°. *Des institutions morales, civiles et domestiques,* sur l'éducation, les affections, et ce qui concerne le code civil, la tutelle, l'adoption, l'hérédité et les transactions ; sur les fêtes, les assemblées dans les temples, les vieillards et la censure ; les lois rurales et somptuaires, les funérailles.

2°. *Des institutions sociales et politiques,* sur les mœurs du gouvernement et des armées, sur l'établissement des censeurs, sur le militaire, sur la marine, sur le commerce, sur les garanties et sur le domaine public.

SIXIÈME FRAGMENT.

QUELQUES INSTITUTIONS CIVILES ET MORALES.

1. *Sur l'Education.*

Les enfans appartiennent à leur mère jusqu'à cinq ans, si elle les a nourris, et à la république ensuite, jusqu'à la mort.

La mère qui n'a point nourri son enfant a cessé d'être mère aux yeux de la patrie. Elle et son époux doivent se représenter devant le magistrat, pour y répéter leur engagement, ou leur union n'a plus d'effets civils.

L'enfant, le citoyen appartiennent à la patrie. L'instruction commune est nécessaire. La discipline de l'enfance est rigoureuse.

On élève les enfans dans l'amour du silence et le mépris des rhéteurs. Ils sont formés au laconisme du langage. On doit leur interdire les jeux où ils déclament, et les accoutumer à la vérité simple. Les enfans ne jouent que des jeux d'orgueil et d'intérêt ; il ne leur faut que des exercices.

Les enfans mâles sont élevés, depuis cinq jusqu'à seize ans, par la patrie.

Il y a des écoles pour les enfans depuis cinq ans jusqu'à dix. Elles sont à la campagne. Il y en a une dans chaque section et une dans chaque canton.

Il y a des écoles pour les enfans depuis dix jusqu'à seize ans. Il y en a une dans chaque section et une dans chaque canton.

Les enfans, depuis cinq ans jusqu'à dix, apprennent à lire, à écrire, à nager.

On ne peut frapper ni caresser les enfans. On leur apprend le bien, on les laisse à la nature.

Celui qui frappe un enfant est banni.

Les enfans sont vêtus de toile dans toutes les saisons. Ils couchent sur des nattes et dorment huit heures.

Ils sont nourris en commun et ne vivent que de racines, de fruits, de légumes, de laitage, de pain et d'eau.

Les instituteurs des enfans, depuis cinq ans jusqu'à dix, ne peuvent avoir moins de soixante ans, et sont élus par le peuple parmi ceux qui ont obtenu l'écharpe de la vieillesse.

L'éducation des enfans, depuis dix jusqu'à seize ans, est militaire et agricole.

Ils sont distribués en compagnies de soixante. Six compagnies forment un bataillon. Les instituteurs nomment, tous les mois, le chef parmi ceux qui se sont le mieux conduits.

Les enfans d'un district forment une légion. Ils s'assemblent, tous les ans, au chef-lieu, le jour de la fête de la jeunesse. Ils y campent et y font tous les exercices de l'infanterie, dans des arènes préparées exprès.

Ils apprennent aussi les manœuvres de la cavalerie et toutes les évolutions militaires.

Ils apprennent les langues.

Ils sont distribués aux laboureurs, dans le temps des moissons.

Depuis seize jusqu'à vingt-un ans, ils entrent dans les arts et choisissent une profession qu'ils exercent chez les laboureurs, dans les manufactures, ou sur les navires.

Tous les enfans conserveront le même costume jusqu'à seize ans; depuis seize jusqu'à vingt-un ans, ils auront le costume d'ouvrier; depuis vingt-un jusqu'à vingt-cinq, celui de soldat, s'ils ne sont point magistrats.

Ils ne peuvent prendre le costume des arts, qu'après avoir traversé, aux yeux du peuple, un fleuve à la nage, le jour de la fête de la jeunesse.

Depuis vingt-un ans jusqu'à vingt-cinq, les citoyens non magistrats entreront dans la milice nationale, mariés ou non.

Les instituteurs des enfans jusqu'à seize ans, sont choisis par les directoires des districts, et confirmés par la commission générale des arts nommée par le gouvernement.

Les laboureurs, les manufacturiers, les artisans, les négocians, sont instituteurs.

Les jeunes hommes de seize ans sont tenus de rester chez les instituteurs jusqu'à vingt-un ans, à peine d'être privés du droit de citoyen pendant leur vie.

Il y a, dans chaque district, une commission particulière des arts, qui sera consultée par les instituteurs et donnera des leçons publiques.

Les écoles seront dotées d'une partie des biens nationaux.....

Ce serait peut-être une sorte d'instruction propre aux Français, que des sociétés d'enfans, présidées par un magistrat qui indiquerait les sujets à traiter, et dirigerait les discussions, de manière à former le sens, l'ame, l'esprit et le cœur.

Les filles sont élevées dans la maison maternelle,

Dans les jours de fête, une vierge ne peut paraître en public, après dix ans, sans sa mère, son père, ou son tuteur.

2. *Des Affections.*

Tout homme âgé de vingt-un ans est tenu de déclarer dans le temple quels sont ses amis. Cette déclaration doit être renouvelée, tous les ans, pendant le mois de ventôse.

Si un homme quitte un ami, il est tenu d'en expliquer les motifs devant le peuple dans les temples, sur l'appel d'un citoyen ou du plus vieux; s'il le refuse, il est banni.

Les amis ne peuvent écrire leurs engagements; ils ne peuvent plaider entre eux.

Les amis sont placés les uns près des autres dans les combats.

Ceux qui sont restés unis toute leur vie, sont renfermés dans le même tombeau.

Les amis porteront le deuil l'un de l'autre.

Le peuple élira les tuteurs des enfans parmi les amis de leur père.

Si un homme commet un crime, ses amis sont bannis.

Les amis creusent la tombe, préparent les obsèques l'un de l'autre; ils sèment les fleurs avec les enfans sur la sépulture.

Celui qui dit qu'il ne croit pas à l'amitié, ou qui n'a point d'amis, est banni.

Un homme convaincu d'ingratitude est banni.

SEPTIÈME FRAGMENT.

INSTITUTIONS NUPTIALES ET PATERNELLES.

1. *De la Communauté.*

L'homme et la femme qui s'aiment sont époux. S'ils n'ont point d'enfans, ils peuvent tenir leur engagement secret; mais si l'épouse devient grosse, ils sont tenus de déclarer au magistrat qu'ils sont époux.

Nul ne peut troubler l'inclination de son enfant, quelle que soit sa fortune.

Il n'y a de communauté qu'entre les époux : ce qu'ils apportent, ce qu'ils acquièrent, entre dans la communauté. Ils ne s'unissent point par un contrat, mais par tendresse ; l'acte de leur union ne constate que leurs biens mis en commun sans aucune clause.

S'ils se séparent, la moitié de la communauté leur appartient ; ils la partagent également entre eux.

L'autre moitié appartient aux enfans ; s'il n'y a point d'enfans, elle appartient au domaine public.

Les époux sont tenus de faire annoncer leur divorce trois mois avant dans le temple.

A l'instant l'officier public fait nommer des tuteurs aux enfans. La communauté doit être divisée et les partages faits avant le divorce.

Le peuple nomme, dans les temples, un tuteur aux enfans des époux séparés.

Tout engagement pris séparément par les époux est nul.

Les dettes de la communauté sont payées sur la portion des époux s'ils se séparent. Si l'un des deux époux meurt, les dettes sont payées en commun par les enfans et par celui des époux qui survit.

Les époux qui n'ont point eu d'enfans pendant les sept premières années de leur union, et qui n'en ont point adopté, sont séparés par la loi et doivent se quitter.

2. *De la Tutelle.*

Celui des époux qui survit est le tuteur de ses enfans.

Si celui qui survit se remarie, il doit auparavant demander dans le temple un tuteur pour ses enfans et lui rendre compte.

Si celui qui s'est remarié redevient veuf, il ne peut

reprendre la tutelle de ses premiers enfans ; il est tuteur de ceux du nouveau lit.

Les tuteurs doivent être mariés. S'ils se séparent, s'ils deviennent veufs, l'officier public fait nommer dans le temple un autre tuteur.

Une fille a le droit de faire demander dans le temple un autre tuteur sans en expliquer les motifs.

Les hommes revêtus de l'autorité publique ne peuvent être élus tuteurs.

Si l'enfant orphelin n'a point de fortune, sur la demande de l'officier public, le peuple dans le temple lui nomme un tuteur jusqu'à cinq ans, parmi ceux qui se présentent pour l'élever à leurs dépens.

Si une fille ayant vingt-un ans, ou avant son mariage, devient orpheline et se trouve pauvre, sur la demande de l'officier public, le peuple lui nomme un tuteur parmi les personnes mariées et recommandables qui se présentent pour l'élever à leurs dépens.

3. *De l'Adoption.*

L'adoption est établie en faveur des enfans malheureux et de l'honneur des vierges.

On ne peut adopter l'enfant mâle après l'âge de cinq ans.

On ne peut adopter les filles qu'avant leur mariage.

Ceux qui adoptent, stipulent et engagent la dot de l'enfant adoptif devant l'officier public : elle est imprescriptible et inaliénable par les parens adoptifs. La dot ne peut excéder dix mille livres.

L'adoption n'entraîne aucun droit d'hérédité, et n'entraîne que la dot.

La dot d'une personne adoptée est propre à elle et à sa famille : cette dot retourne au domaine public, si la personne adoptée meurt sans aïeuls, sans père ni mère, sans frère ni sœur, sans enfans adoptifs.

Si les frères et sœurs adoptifs se marient ensemble, leur dot passe sous les lois de la communauté et de l'hérédité, à l'exclusion de la famille adoptive.

Les frères adoptifs ne se succèdent point.

La dot de l'enfant adoptif est administrée par son père ; s'il a perdu son père, elle est administrée par sa mère ; s'il a perdu sa mère, elle est administrée par son père adoptif ; s'il n'a point de père adoptif, elle est administrée par sa mère adoptive. Si l'enfant a perdu les uns et les autres, s'ils sont séparés ou s'ils sont veufs, la dot est administrée par un tuteur.

La faculté d'adopter est interdite au célibat.

La dot du garçon ne sert à l'élever que jusqu'à cinq ans. Comme à cet âge il appartient à la patrie et qu'il est nourri par elle, sa dot est administrée jusqu'à vingt-un ans ; à vingt-un ans, il peut en jouir par lui-même et l'aliéner.

La dot d'une fille est administrée jusqu'à son mariage. A vingt-un ans, elle peut en jouir par elle-même et l'aliéner.

Nul ne peut adopter qu'à vingt un ans. Les époux, dont l'un a moins de vingt-un ans, ne peuvent adopter.

Les époux ne peuvent adopter que d'un commun accord.

HUITIÈME FRAGMENT.

QUELQUES INSTITUTIONS CIVILES.

1. *De l'Hérédité.*

L'hérédité est exclusive entre les parens directs. Les parens directs sont les aïeuls, le père et la mère, les enfans, le frère et la sœur.

Les parens indirects ne se succèdent point.

La république succède à ceux qui meurent sans parens directs.

Les enfans succèdent également à leur père et à leur mère. — Les époux ne se succèdent point. — Les époux succèdent également à leurs enfans sans enfans. — Si les époux sont séparés, ils ne succèdent point à leurs enfans. — Les aïeuls, qui ne sont point séparés, succèdent également à leurs petits-enfans. L'aïeul ne succède point aux petits-enfans avant le père et la mère. — Les petits-enfans ne succèdent point aux aïeuls, avant le père et la mère, et après leurs aïeuls. — Les enfans de différens lits ne se succèdent point.

S'il y a plusieurs lits, les aïeuls succèdent également aux petits-enfans ; et les petits-enfans de plusieurs lits succèdent également aux aïeuls.

Si les petits-enfans de plusieurs lits meurent sans père ni mère et sans enfans, les aïeuls leur succèdent également.

Si les aïeuls sont morts, les frères et sœurs du même lit se succèdent. S'il n'y a point de frère et de sœur, le domaine public succède. Si l'un ou plusieurs des aïeuls sont morts, les aïeuls survivans partagent avec les frères et sœurs.

S'il n'y a point de frères et de sœurs, les aïeuls partagent par portion égale avec le domaine public. S'il n'y a ni aïeul, ni frère, ni sœur, le domaine public succède seul.

Les aïeuls succèdent à leurs enfans ou petits-enfans. Les père et mère, même ceux qui se sont remariés, succèdent à leurs enfans, mais ils ne peuvent toucher que le revenu ; les fonds restent aux mains des autres enfans ou petits-enfans ; et faute d'eux, à la république, qui paie le revenu.

Le fonds ne peut être aliéné par les enfans ou petits-enfans, ou par le domaine public, qu'après la mort du possesseur du revenu.

Nul ne peut déshériter ni tester.

2. *Des Contrats.*

Les contrats n'ont d'autres règles que la volonté des parties; ils ne peuvent engager les personnes.

Nul ne peut contracter qu'à vingt-un ans.

Nul ne peut contracter sans la présence de ses amis, ou le contrat est nul.

Le même contrat ne peut engager que deux personnes; s'il en engage plus, il est nul.

Tout contrat est signé par les parties et par les amis, ou il est nul.

Ce sont les amis qui reçoivent les contrats.

Les procès sont vidés devant les amis des parties, constitués arbitres.

Celui qui perd son procès, est privé du droit de citoyen pendant un an.

Toute obligation est écrite ou nulle.

La loi ne fait pas le droit, le droit fait la loi.

NEUVIÈME FRAGMENT.

QUELQUES INSTITUTIONS PÉNALES.

Celui qui frappe quelqu'un est puni de trois mois de détention; si le sang a coulé, il est banni.

Celui qui frappe une femme, est banni.

Celui qui a vu frapper un homme, une femme, et n'a point arrêté celui qui frappait, est puni d'un an de détention.

L'ivresse sera punie; celui qui, étant ivre, aura dit ou commis le mal, sera banni.

Les meurtriers seront vêtus de noir toute leur vie, et seront mis à mort s'ils quittent cet habit.

DIXIÈME FRAGMENT.

QUELQUES INSTITUTIONS MORALES SUR LES FÊTES.

Le peuple français reconnaît l'Être suprême et l'immortalité de l'ame. Les premiers jours de tous les mois sont consacrés à l'Éternel.

Tous les cultes sont également permis et protégés. Mais, dans aucun des engagemens civils, les considérations de culte ne sont permises, et tout acte où il est parlé de culte, est nul.

Les temples publics sont ouverts à tous les cultes.

Les rites extérieurs sont défendus; les rites intérieurs ne peuvent être troublés.

Le prêtre d'aucun culte ne peut paraître en public avec ses attributs, sous peine de bannissement.

L'encens fumera jour et nuit dans les temples publics, et sera entretenu tour-à-tour, pendant vingt-quatre heures, par les vieillards âgés de soixante ans.

Les temples ne peuvent être fermés.

Le peuple français voue sa fortune et ses enfans à l'Éternel.

L'ame immortelle de ceux qui sont morts pour la patrie, de ceux qui ont été bons citoyens, qui ont chéri leur père et leur mère et ne les ont jamais abandonnés, est dans le sein de l'Éternel.

L'hymne à l'Éternel est chantée par le peuple, tous les matins, dans les temples; toutes les fêtes publiques commencent par elle.

Les lois générales sont proclamées solennellement dans les temples.

Le premier jour du mois germinal, la république célébrera la fête de la Divinité, de la nature et du peuple.

Le premier jour du mois floréal, la fête de la Divinité, de l'amour et des époux.

Le premier jour du mois prairial, la fête de la Divinité et de la victoire.

Le premier jour du mois messidor, la fête de la Divinité et de l'adoption.

Le premier jour du mois thermidor, la fête de la Divinité et de la jeunesse.

Le premier jour du mois fructidor, la fête de la Divinité et du bonheur.

Le premier jour du mois vendémiaire, la république célébrera dans les temples la fête de la Divinité et de la vieillesse.

Le premier jour du mois brumaire, la fête de la Divinité et de l'ame immortelle.

Le premier jour du mois frimaire, la fête de la Divinité et de la sagesse.

Le premier jour du mois nivôse, la fête de la Divinité et de la patrie.

Le premier jour du mois pluviôse, la fête de la Divinité et du travail.

Le premier jour du mois ventôse, la fête de la Divinité et des amis.

Tous les ans, le premier floréal, le peuple de chaque

commune choisira, parmi ceux de la commune exclusivement et dans les temples, un jeune homme riche, vertueux et sans difformité, âgé de vingt-un ans accomplis et de moins de trente, qui choisira et épousera une vierge pauvre en mémoire de l'égalité humaine.

Il y aura des lycées qui distribueront des prix d'éloquence.

Le concours pour le prix d'éloquence n'aura jamais lieu par des discours d'apparat. Le prix d'éloquence sera donné au laconisme, à celui qui aura proféré une parole sublime dans un péril; qui, par une harangue sage, aura sauvé la patrie, rappelé le peuple aux mœurs, rallié les soldats.

Le prix de la poésie ne sera donné qu'à l'ode et à l'épopée.

ONZIÈME FRAGMENT.

DES VIEILLARDS, DES ASSEMBLÉES DANS LES TEMPLES ET DE LA CENSURE.

Les hommes qui auront toujours vécu sans reproche, porteront une écharpe blanche à soixante ans. Ils se présenteront à cet effet dans le temple, le jour de la fête de la vieillesse, au jugement de leurs concitoyens; et, si personne ne les accuse, ils prendront l'écharpe.

Le respect de la vieillesse est un culte dans notre patrie. Un homme de l'écharpe blanche ne peut être condamné qu'à l'exil.

Les vieillards qui portent l'écharpe blanche doivent censurer, dans les temples, la vie privée des fonctionnaires et des jeunes hommes qui ont moins de vingt-un ans.

Le plus vieux d'une commune est tenu de se montrer dans le temple tous les dix jours, et d'exprimer son opinion sur la conduite des fonctionnaires.

Les citoyens s'assemblent dans les temples pour y examiner la vie privée des fonctionnaires et des jeunes hommes au-dessous de vingt-un ans ; pour y rendre compte de l'emploi de leur revenu, pour y déclarer leurs amis. C'est le plus âgé qui préside. On ne peut discourir longuement ; on ne peut déclamer ; on doit déclarer les faits précis, nus, par respect pour le lieu où l'on est et par respect pour l'égalité.

Celui qui frapperait ou injurierait quelqu'un dans les temples serait puni de mort.

Ceux qui ne sont pas membres du souverain, se retirent des temples avant que l'on vote.

On n'écrit point ce qui se passe dans les temples.

Les fonctionnaires accusés dans les temples par les vieillards, n'y peuvent parler ; mais leur réponse, écrite par eux-mêmes, est lue avec décence par un de leurs amis ; et, sans discussion, le peuple prononce si le renvoi devant les tribunaux criminels aura lieu ou non. — S'ils sont convaincus de mauvaise vie, ils sont bannis.

Tout ce qui tendrait à rendre les mœurs féroces ou molles, doit être censuré dans les temples ; mais on n'y doit nommer, ni censurer personne, qui ne soit revêtu de l'autorité, ou qui ne soit âgé de vingt-un ans.

Les femmes ne peuvent être censurées.

Celui qui censurerait nominativement quelqu'un hors les cas prescrits par la loi, serait banni sur la demande de la personne intéressée devant les tribunaux.

DOUZIÈME FRAGMENT.

DES FUNÉRAILLES.

Les funérailles des citoyens sont solennelles et accompagnées d'un magistrat.

Les rits des différens cultes seront respectés.

Il y a un petit champ donné à chaque famille pour les sépultures.

Les cimetières sont de rians paysages : les tombes sont couvertes de fleurs, semées tous les ans par l'enfance.

Les enfans sans reproche placent au-dessus de la porte de leur maison l'image de leur père et de leur mère.

Il faut que le respect des morts soit un culte, et qu'on croie que les martyrs de la liberté sont les génies tutélaires du peuple, et que l'immortalité attend ceux qui les imitent.

Celui qui outrage les sépultures est banni.

TREIZIÈME FRAGMENT.

QUELQUES INSTITUTIONS RURALES ET SOMPTUAIRES.

Tout propriétaire qui n'exerce point de métier, qui n'est point magistrat, qui a plus de vingt-cinq ans, est tenu de cultiver la terre jusqu'à cinquante ans.

Tout propriétaire est tenu, sous peine d'être privé du droit de citoyen pendant l'année, d'élever quatre moutons, en raison de chaque arpent de terre qu'il possède.

L'oisiveté est punie, l'industrie est protégée.

La république honore les arts et le génie. Elle invite les citoyens aux bonnes mœurs ; elle les invite à consacrer leurs richesses au bien public et au soulagement des malheureux, sans ostentation.

Tout citoyen rendra compte, tous les ans, dans les temples, de l'emploi de sa fortune.

Nul ne peut être inquiété dans l'emploi de ses richesses et dans ses jouissances, s'il ne les tourne au détriment d'un tiers.

Il n'y a point de domesticité ; celui qui travaille pour un citoyen est de sa famille et mange avec lui.

Nul ne mangera de chair le troisième, le sixième, le neuvième jour des décades.

Les enfans ne mangeront point de chair avant seize ans accomplis.

Sinon dans les monnaies, l'or et l'argent sont interdits.

QUATORZIÈME FRAGMENT.

INSTITUTIONS POLITIQUES.

DES MOEURS DU GOUVERNEMENT.

Ceux qui sont chargés de gouverner la république doivent l'exemple des vertus et de la modestie.

L'égalité des citoyens ne pouvant être garantie que par la justice inflexible de l'autorité, la discipline de ceux qui l'exercent doit être rigoureuse.

Comme l'autorité n'appartient pas à l'homme, mais à la loi dont il est l'organe, la hiérarchie des juridictions sera sacrée. Tout pouvoir est tenu d'obéir à celui qui le précède.

Aucun étranger ne peut être employé dans le gouvernement, sous quel rapport et quel prétexte que ce soit.

Aucun étranger ne peut posséder d'emploi à la solde de l'État, s'il n'a été revêtu d'une magistrature à la nomination du peuple.

QUINZIÈME FRAGMENT.

DES MŒURS DE L'ARMÉE.

C'est un devoir pour tous les Français de venger ceux qui sont morts avant eux dans la guerre contre la tyrannie. Si ce principe peut devenir l'esprit public, la république sera guerrière et indomptable.

Les garnisons françaises ne peuvent recevoir d'autres capitulations que de retourner dans leur patrie, et doivent périr plutôt que de se rendre prisonnières.

Un militaire ne peut jamais rentrer dans le lieu où il est né, s'il a quitté son rang dans un combat, s'il a perdu son arme, s'il a déserté, s'il a violé la discipline, s'il a murmuré des fatigues. Le père qui embrasserait son fils après sa lâcheté, ne pourrait point porter l'écharpe de la vieillesse.

Un soldat, près duquel un autre soldat a été frappé d'une arme blanche, est déshonoré, s'il revient du combat, sans l'arme de celui qui a frappé son frère.

Un général en chef, blessé dans une bataille par une arme blanche, s'il ne l'a pas été en ralliant une troupe enfoncée, est destitué.

Le militaire qui insulte son chef ou lui désobéit, le chef qui insulte ou frappe son subordonné, sont punis de mort.

Un militaire qui vole ou commet une violence sur le territoire français, est chassé de l'armée; il est puni de mort si c'est en pays ennemi.

Nul ne peut quitter l'armée qu'à la fin de la guerre.

Les camps sont interdits aux femmes, sous peine de mort.

Un soldat a le droit de porter une étoile d'or sur son vêtement, à l'endroit où il a reçu des blessures; les étoiles lui seront données par la patrie. S'il est mutilé ou s'il a été blessé au visage, il porte l'étoile sur le cœur.

Les noms des victoires seront inscrits au Panthéon, avec les traits de courage qui les auront signalées.

Il sera déposé dans le Panthéon des livres où seront également inscrits les noms de tous ceux de la génération présente qui ont concouru à la révolution, et qui auront souffert ou seront morts pour elle.

On ne fera l'éloge des généraux qu'à la fin de la guerre.

Il faut entretenir, en temps de paix, huit cent mille hommes répartis dans toutes les places, et établir un système de mutations et de vicissitudes de garnisons, pour empêcher que l'esprit de paresse ne s'introduise dans l'armée, et pour que la république française soit redoutée de tous les gouvernemens.

SEIZIÈME FRAGMENT.

DES CENSEURS.

Il faut dans toute révolution un dictateur pour sauver l'État par la force, ou des censeurs pour le sauver par la vertu.

Il faut créer des magistrats pour donner l'exemple des mœurs.

Pourquoi le peuple ne donne-t-il des mandats que pour exercer l'autorité ? S'il créait six millions de magistrats, pour prêcher ou donner l'exemple de toutes les vertus, cela serait-il moins bien ?...

La garantie des devoirs et de l'inflexibilité des fonctionnaires est aussi la garantie des droits et de la liberté des citoyens.

Il faut faire peur à ceux qui gouvernent. Il ne faut jamais faire peur au peuple.

La censure la plus sévère est exercée sur ceux qui sont employés dans le gouvernement.

Il sera établi, dans chaque district et dans chaque armée de la république, jusqu'à la paix, un censeur des fonctionnaires publics.

Cette censure est exercée sur le gouvernement, et ne peut l'être sur le peuple.

Les censeurs ne peuvent exercer aucun acte d'autorité ; ils ne rendent point de jugemens et ne connaissent point de ceux qui sont rendus ; ils ne peuvent décerner des mandats d'arrêt.

Les censeurs accusent devant les tribunaux les fonctionnaires conspirateurs ou dilapidateurs ; ceux qui ont opprimé des citoyens ; ceux qui n'exécutent point, dans les délais fixés, les mesures de gouvernement et de salut public ; tous les agens enfin qui prévariquent, de quelque manière que ce soit.

Les censeurs des armées ne peuvent connaître des opérations militaires, ni du moral de la guerre. Ils surveillent la discipline, les officiers, les généraux et l'administration.

Il est interdit aux censeurs de parler en public. La modestie et l'austérité sont leurs vertus. Ils sont inflexibles. Ils appellent les fonctionnaires pour leur demander compte de leur conduite ; ils dénoncent tout abus et toute injustice dans le gouvernement, ils ne peuvent rien atténuer ni pardonner.

Les censeurs ne peuvent suivre les procédures. Les poursuites sont faites, sur leurs dénonciations, par les accusateurs publics près les tribunaux.

Les censeurs convaincus de faiblesse sont destitués. Ceux qui ont épargné sciemment un fonctionnaire coupable d'avoir abusé du pouvoir, sont punis. Ils peuvent être accusés par tous les citoyens.

L'indemnité des censeurs est portée à 6,000 fr.

Il n'y a point de censeur dans le séjour du Corps législatif.

Le droit d'accuser les députés est un droit du peuple et des citoyens : il n'appartient pas aux censeurs. Les dénonciations contre les députés sont portées au Corps législatif.

Les accusations contre les censeurs sont portées devant le Corps législatif.

DIX-SEPTIÈME FRAGMENT.

DE LA POLICE EN TEMPS DE GUERRE.

Pendant la guerre, pour prévenir toutes conjurations de la part de l'étranger, et tout mouvement subversif de l'ordre social, les étrangers, les sujets des gouvernemens avec lesquels la république est divisée, sont exclus des emplois et des villes.

La réformation des lois est suspendue pour éviter les intrigues et les conjurations de l'étranger.

La patrie est déclarée en danger ; le Corps législatif nomme un comité de salut public, composé de neuf de ses membres, pour surveiller le Conseil exécutif.

DIX-HUITIÈME FRAGMENT.

DES GARANTIES.

Il faut tracer et reconnaître tous les principes de la liberté par une déclaration particulière, qui soit, par rapport à la société, ce que les droits de l'homme sont par rapport au gouvernement.

Il faut faire une instruction sur les mœurs, sur l'application du pouvoir, sur les devoirs et les droits réciproques et respectifs, sur le génie, le but de la révolution, sur les idées qui constituent le bonheur d'un peuple libre.

La liberté est la garantie du citoyen par rapport à l'application des lois.

Tout citoyen, quel que soit son âge et son sexe, qui n'exerce aucunes fonctions publiques, a le droit d'accuser devant les tribunaux criminels un homme revêtu d'autorité, qui s'est rendu coupable envers lui d'un acte arbitraire.

Les parties doivent s'expliquer en présence l'une de l'autre.

Si l'homme revêtu d'autorité est convaincu, le bannissement est prononcé contre lui, et la mort s'il rentre sur le territoire.

Si les tribunaux criminels refusent d'entendre le citoyen qui intentera plainte, il formera sa plainte dans le temple, devant le peuple, le jour de la fête de l'Être-Suprême ; et, si la cause n'est point jugée trente jours après, le tribunal est puni par la loi.

L'insurrection est le droit exclusif du peuple et du citoyen. Tout étranger, tout homme revêtu de fonctions publiques, s'il la propose, est hors la loi, et doit être tué sur l'heure, comme usurpateur de la souveraineté, et comme intéressé aux troubles pour faire le mal ou pour s'élever.

Les insurrections qui ont lieu sous le despotisme sont toujours salutaires. Celles qui éclatent dans un État libre sont dangereuses quelquefois pour la liberté même, parce que la révolte du crime en usurpe les prétextes sublimes et le nom sacré. Les révoltes font aux États libres des plaies longues et douloureuses qui saignent tout un siècle.

Un député du peuple ne pourra être jugé que par un jury de vingt-six membres, tirés au sort parmi les députés, dont il récusera la moitié, afin de ne pas exposer la patrie à la merci d'un tribunal.

Si un député du peuple est condamné, il doit choisir

un exil hors de l'Europe, pour épargner au peuple l'image du supplice de ses représentans.

DIX-NEUVIÈME FRAGMENT.

DU COMMERCE ET DES COLONIES.

Nul ne peut acquérir de terres, former de banques, ni entretenir de vaisseaux en pays étrangers.

L'État répond des bâtimens submergés qui étaient chargés de bois, de laine, d'huile et de farines, si la cargaison est notifiée six mois avant au gouvernement, et certifiée par l'ambassadeur.

S'il y a une guerre maritime, tout marchand est tenu d'armer ses vaisseaux en course.

La république ne peut, par aucun traité, aliéner les droits de son commerce et ses colonies.

L'État fera acheter les nègres sur les côtes d'Afrique, pour être transplantés dans les colonies ; ils seront libres à l'instant même : il leur sera donné trois arpens de terre et les outils nécessaires à leur culture.

VINGTIÈME FRAGMENT.

DU DOMAINE PUBLIC.

Le domaine et les revenus publics se composent des impôts, des successions attribuées à la république, et des biens nationaux.

Il n'existera d'autre impôt que l'obligation civile de chaque citoyen, âgé de vingt-un ans, de remettre à un officier public, tous les ans, le dixième de son revenu et le quinzième du produit de son industrie.

Le tableau des paiemens sera imprimé et affiché toute l'année.

Le domaine public est établi pour réparer l'infortune des membres du corps social.

Le domaine public est également établi pour soulager le peuple du poids des tributs dans les temps difficiles.

La vertu, les bienfaits et le malheur donnent des droits à une indemnité sur le domaine public.— Celui-là seul y peut prétendre, qui s'est rendu recommandable à la patrie par son désintéressement, son courage, son humanité.

La république indemnise les soldats mutilés, les vieillards qui ont porté les armes dans leur enfance, ceux qui ont nourri leur père et leur mère, ceux qui ont adopté des enfans, ceux qui ont plus de quatre enfans du même lit ; les époux vieux qui ne sont point séparés ; les orphelins, les enfans abandonnés, les grands hommes ; ceux qui se sont sacrifiés pour l'amitié ; ceux qui ont perdu des troupeaux ; ceux qui ont été incendiés ; ceux dont les biens ont été détruits par la guerre, par les orages, par les intempéries des saisons.

Le domaine public solde l'éducation des enfans, fait des avances aux jeunes époux, et s'afferme à ceux qui n'ont point de terres.

FIN.

TABLE.

	Pages.
PRÉLIMINAIRES.	5
AVANT-PROPOS DES PREMIERS ÉDITEURS.	15
NOTE RELATIVE A SAINT-JUST.	21

FRAGMENS SUR LES INSTITUTIONS.

FRAGMENT Ier.	Préambule.	27
— II.	De la Société.	31
— III.	Idées générales.	38
	1. Institutions.	Ib.
	2. Lois.	39
	3. Mœurs.	40
	4. République et Gouvernement.	42
	5. Révolution.	46
— IV.	Question du bien général, monnaies, économie.	47
— V.	Division des Institutions dans leur ordre de matières.	56
— VI.	Quelques Institutions civiles et morales.	57
	1. De l'Éducation.	Ib.
	2. Des Affections.	59
— VII.	Institutions nuptiales et paternelles.	60
	1. De la Communauté.	Ib.
	2. De la Tutelle.	61
	3. De l'Adoption.	62
— VIII.	Quelques Institutions civiles.	63
	1. De l'Hérédité.	Ib.
	2. Des Contrats.	65
— IX.	Quelques Institutions pénales.	Ib.
— X.	Quelques Institutions morales sur les fêtes.	66
— XI.	Des Vieillards, des Assemblées dans les temples et de la Censure.	68
— XII.	Des Funérailles.	70
— XIII.	Quelques Institutions rurales et somptuaires.	Ib.
— XIV.	Institutions politiques, des mœurs du gouvernement.	71
— XV.	Des mœurs des armées.	72
— XVI.	Des Censeurs.	74
— XVII.	De la Police en temps de guerre.	76
XVIII.	Des Garanties.	Ib.
— XIX.	Du Commerce et des Colonies.	78
— XX.	Du Domaine public.	Ib.

www.ingramcontent.com/pod-product-compliance
Lightning Source LLC
LaVergne TN
LVHW020955090426
835512LV00009B/1922